高职高专"十二五"规划教材——汽车专业系列

汽车文化

主　编　谈丽华　印德彬
副主编　易宏彬　聂　进
参　编　罗子华

东南大学出版社
·南京·

内 容 提 要

本书是一本将知识性和趣味性结合为一体的有关汽车基础知识的教材。本书从汽车类别概述、汽车名人、著名汽车公司及商标、汽车新技术、汽车运动等汽车文化知识进行了全方位的论述。

本书可作为高等职业院校、高等专科学校、成人院校及本科院校举办的独立学院的汽车类专业相关课程教材，也适合作为所有专业学习汽车相关文化的教材，同时适合汽车行业的各类人员及汽车爱好者阅读。

图书在版编目(CIP)数据

汽车文化 / 谈丽华，印德彬主编. —南京：东南大学出版社，2014.12(2023.9重印)
 ISBN 978-7-5641-5436-3

Ⅰ.①汽… Ⅱ.①谈… ②印… Ⅲ.①汽车—文化—高等职业教育—教材 Ⅳ.①U46-05

中国版本图书馆 CIP 数据核字(2014)第 310938 号

汽车文化

出版发行：东南大学出版社
社　　址：南京市四牌楼 2 号　邮编：210096
出 版 人：江建中
责任编辑：史建农　戴坚敏
网　　址：http://www.seupress.com
电子邮箱：press@seupress.com
经　　销：全国各地新华书店
印　　刷：广东虎彩云印刷有限公司
开　　本：787mm×1092mm　1/16
印　　张：13.25
字　　数：339 千字
版　　次：2014 年 12 月第 1 版
印　　次：2023 年 9 月第 3 次印刷
书　　号：ISBN 978-7-5641-5436-3
定　　价：39.00 元

本社图书若有印装质量问题，请直接与营销部联系。电话：025 - 83791830

高职高专"十二五"规划教材——汽车专业系列丛书编委会

编委会人员名单：（按姓氏笔画排序）

韦　倾　方　波　印德彬　刘志君　刘　涛
杜　潜　李　磊　吴炳理　吴　浩　邱翠蓉
何细鹏　张宝利　陈宝华　陈　高　林振琨
易宏彬　罗子华　周　欢　胡春红　耿会斌
聂　进　谈丽华　黄云力　鄂　义　董继明
熊少华

前 言

随着科学技术日新月异的发展，人类文明不断地向前进步。汽车便是社会发展的一个佐证之一。汽车不仅影响了整个社会的经济结构和发展速度，也让我们的生活发生了翻天覆地的改变。百余年来，汽车在满足人们代步需求的同时，也积累和蕴含了丰富的精神财富，被赋予了更多的文化内涵，形成了一个独特的文化现象。汽车在进入普通家庭的同时，老百姓对汽车的兴趣也与日俱增，高校学生更是渴望对现代汽车及汽车文化有一个概貌性的了解。

本书内容经典，图文并茂，是一本集知识性与趣味性于一体的汽车文化教材，为高等学校学生学习汽车基础知识，感受、传播和弘扬汽车文化提供了一个很好的平台，可作为普通高等学校及高职高专院校汽车文化课程的教材和参考书，也可供广大汽车爱好者学习参考，可以给读者提供翔实的史料、系统的知识、智慧的启迪和未来的思考。

本书共五个单元，分别介绍了汽车类别、汽车名人、著名的汽车公司及商标、汽车新技术和赛车运动等。通过对本书的学习，学生能拓展对汽车的认识，培养对汽车的兴趣，更全面地了解汽车专业、热爱汽车专业。

本书由武汉软件工程职业学院谈丽华和仙桃职业学院印德彬担任主编，湖南工业职业技术学院易宏彬、娄底职业技术学院聂进任副主编，湖南信息职业技术学院罗子华参编，全书由谈丽华统稿。

本书的编写参考和引用了业内前辈和同仁的优秀成果以及相关杂志、书籍的内容，一些优秀图片是从网络下载而得，在此对参考文献的各位作者表示衷心的感谢。

由于编者水平有限，书中疏漏之处在所难免，殷切希望广大读者对书中误漏之处，予以批评指正。

编 者
2014.11

目　录

单元一　汽车类别概述 1
 课题一　汽车的分类 1
  一、量产汽车 1
  二、非量产汽车 2
 课题二　汽车类别及其发展 2
  一、轿车 2
  二、跑车 47
  三、越野车与 SUV 50
  四、MPV 55
  五、混型车 59
  六、货车 61
  七、客车 63
  八、专用车 65
  九、原型车与概念车 66

单元二　汽车名人 72
 课题一　国外汽车名人 72
  一、卡尔·本茨 72
  二、戈特利布·戴姆勒 73
  三、费迪南德·波尔舍 75
  四、亨利·福特 76
  五、威廉·杜兰特 76
  六、阿尔弗莱德·斯隆 77
  七、沃尔特·克莱斯勒 77
  八、安德烈·雪铁龙 78
  九、丰田喜一郎 79
  十、恩佐·法拉利 80
 课题二　国内汽车名人 80
  一、饶斌 81
  二、郭力 81
  三、孟少农 82
  四、陈祖涛 83
  五、潘承孝 83

　　　　六、郭孔辉 ··· 84
　　　　七、李书福 ··· 84
单元三　著名汽车公司及其车标 ··· 85
　课题一　美国著名汽车公司及其车标 ··· 85
　　　　一、通用汽车公司及其车标 ··· 85
　　　　二、福特汽车公司及其车标 ··· 91
　　　　三、克莱斯勒汽车公司及其车标 ··· 93
　课题二　德国著名汽车公司及其车标 ··· 97
　　　　一、戴姆勒-奔驰汽车公司及其车标 ·· 97
　　　　二、宝马汽车公司及其车标 ··· 101
　　　　三、大众汽车公司及其车标 ··· 103
　课题三　法国著名汽车公司及其车标 ··· 109
　　　　一、标致汽车公司及其车标 ··· 109
　　　　二、雪铁龙汽车公司及其车标 ·· 110
　　　　三、雷诺汽车公司及其车标 ··· 111
　　　　四、布加迪汽车公司及其车标 ·· 112
　课题四　英国著名汽车公司及其车标 ··· 114
　　　　一、劳斯莱斯汽车公司及其车标 ··· 114
　　　　二、美洲虎汽车公司及其车标 ·· 117
　　　　三、罗孚汽车公司及其车标 ··· 117
　课题五　意大利著名汽车公司及其车标 ··· 127
　　　　一、菲亚特汽车公司及其车标 ·· 128
　　　　二、阿尔法-罗米欧汽车公司及其车标 ··································· 129
　　　　三、法拉利汽车公司及其车标 ·· 130
　　　　四、兰博基尼汽车公司及其车标 ··· 131
　　　　五、玛莎拉蒂汽车公司及其车标 ··· 132
　　　　六、蓝旗亚汽车公司及其车标 ·· 133
　课题六　日本著名汽车公司及其车标 ··· 135
　　　　一、丰田汽车公司及其车标 ··· 135
　　　　二、日产汽车公司及其车标 ··· 137
　　　　三、本田汽车公司及其车标 ··· 138
　　　　四、马自达汽车公司及其车标 ·· 140
　　　　五、三菱汽车公司及其车标 ··· 141
　　　　六、富士汽车公司及其车标 ··· 142
　　　　七、铃木汽车公司及其车标 ··· 143
　　　　八、五十铃汽车公司及其车标 ·· 144
　课题七　韩国著名汽车公司及其车标 ··· 145
　　　　一、现代汽车公司及其车标 ··· 145
　　　　二、大宇汽车公司及其车标 ··· 147

三、起亚汽车公司及其车标 ……………………………………………………… 147
四、双龙汽车公司及其车标 ……………………………………………………… 148

课题八　中国著名汽车公司及其车标 ………………………………………………… 150
　　一、第一汽车集团公司及其车标 ………………………………………………… 151
　　二、东风汽车集团公司及其车标 ………………………………………………… 156
　　三、上海汽车集团股份有限公司及其车标 ……………………………………… 156
　　四、南京汽车集团有限公司及其车标 …………………………………………… 158
　　五、北京汽车工业控股有限责任公司及其车标 ………………………………… 160
　　六、奇瑞汽车有限公司及其车标 ………………………………………………… 162
　　七、华晨中国汽车控股有限公司及其车标 ……………………………………… 163
　　八、吉利控股集团及其车标 ……………………………………………………… 164
　　九、长安汽车(集团)有限责任公司及其车标 …………………………………… 165
　　十、哈飞汽车股份有限公司及其车标 …………………………………………… 166
　　十一、长城汽车有限公司及其车标 ……………………………………………… 167

课题九　其他国家著名汽车公司及其车标 …………………………………………… 168
　　一、瑞典汽车公司及其车标 ……………………………………………………… 168
　　二、捷克斯柯达汽车公司及其车标 ……………………………………………… 170
　　三、西班牙西亚特汽车公司及其车标 …………………………………………… 171
　　四、澳大利亚霍顿汽车公司及其车标 …………………………………………… 172
　　五、俄罗斯汽车公司及其车标 …………………………………………………… 173
　　六、印度塔塔汽车公司及其车标 ………………………………………………… 175

著名的汽车车标 …………………………………………………………………………… 176

单元四　汽车新技术 ………………………………………………………………… 180

单元五　赛车运动 …………………………………………………………………… 194
　课题一　赛车运动的起源 …………………………………………………………… 194
　课题二　赛车运动种类 ……………………………………………………………… 195
　课题三　赛车运动魅力 ……………………………………………………………… 202

参考文献 ……………………………………………………………………………… 204

单元一 汽车类别概述

本章介绍了汽车的分类以及各个类别的特点及演变,并对一些日常生活中的习惯说法进行了必要的统一与规范。

课题一 汽车的分类

学习目标	鉴定标准	教学建议
(1) 了解汽车的分类 (2) 了解量产汽车包含哪些类别 (3) 了解非量产汽车包含哪些类别	应知: 　(1) 汽车分为量产汽车与非量产汽车两大类 　(2) 量产汽车包含轿车、跑车、越野车、货车等八大类 　(3) 非量产汽车包含原型车和概念车	教具: 　课件及PPT 建议:联系生活中的常见车型讲解

根据国际标准化组织(ISO)的划分标准,汽车分为乘用车、商用车两大类。乘用车是指用于运载人员及行李(或少量物品),含驾驶员在内,9座以下的汽车;除了乘用车之外的汽车则是商用车。

本书将汽车分为量产汽车与非量产汽车两大类。

一、量产汽车

量产汽车是指批量生产并销售的商品汽车,共分为以下八类:

轿车——用于运载人员及少量物品,座位布置在前后轴之间,通常为4轮、5座以下的汽车类型。

跑车——由赛车衍生而来,相比轿车更具运动性能的汽车类型。

越野车与SUV——越野车具有很高的通过性能,是主要用于特殊路况的汽车类型。SUV是英文 Sport Utility Vehicle 的缩写,中文直译为"运动型多用途汽车",是整合了越野车的通过性和轿车的舒适性的汽车类型。

MPV——英文 Multi-purpose Vehicle 的缩写,直译为"多功能厢型车",是由轿车衍生而来,车内空间更大、空间利用更加灵活多变的汽车类型。

混型车——英文名为 Crossover,直译为"交叉",指跨越界限,将不同汽车类型的特点整合为一体,因此又名"跨界车",其最显著的特征就是不完全属于现有的任何一种车型。

货车——用于货物运载的汽车类型。

客车——用于人员运载,主要是9座以上的汽车类型。

专用车——用于特殊用途的汽车类型,如消防车、工程车等。

二、非量产汽车

非量产汽车是指没有批量生产并且不销售的非商品汽车,分为以下两类:

原型车——汽车厂商在新车型生产与销售之前试制的样品车。

概念车——汽车厂商为了展示其设计能力、开发观念和技术实力等而制作的展示用车。

课题二 汽车类别及其发展

学习目标	鉴定标准	教学建议
(1) 了解轿车外形的沿革 (2) 了解轿车的厢体划分方式 (3) 了解轿车的级别划分方式 (4) 了解SUV和MPV的区别 (5) 了解原型车和概念车的意义	应知: 　　(1) 轿车从厢体的划分方式来看,分为三厢轿车、两厢轿车、单厢轿车和旅行轿车 　　(2) 轿车按级别的划分方式来看,由小到大依次是微型轿车、小型轿车、紧凑型轿车、中级轿车、行政级轿车、大型轿车 　　(3) 原型车是汽车厂商在新车型生产与销售之前试制的样品车 　　(4) 概念车是汽车厂商为了展示其设计观念及技术实力而制作的展示用车	教具: 　　课件及PPT 　　精美图片 　　视频资料 　　建议:讲解过程中穿插小故事,增强趣味性

一、轿车

轿车——用于运载人员及少量物品,座位布置在前后轴之间,通常为4轮、5座以下的汽车类型。

(一) 轿车外形的历史沿革

世界上公认的第一辆汽车诞生于1886年,由德国人卡尔·本茨(Karl Benz)研制(图1-1、图1-2)。

这辆汽车除了不是四轮之外,其余特征都符合如今对轿车的定义,因此也可以说它是世界上第一辆轿车。它的外形与当时的马车很接近,只是前面没有马,取而代之的是座椅后的一台单缸发动机(最大输出功率0.55 kW),这正是早期轿车的特点:车身结构脱胎于马车,像是一种"不用马的马车"。

第一辆汽车诞生之后,随着功率更大的发动机被研发使用,发动机的位置移至车头,并使用两个前轮。这个时期的轿车虽然与今

图1-1　卡尔·本茨

天的轿车外形差别很大,但车身的基本布局已形成:车头部分是发动机舱,中部是驾驶舱,尾部设置行李厢。

图 1-2　世界上第一辆汽车

早年的汽车不是大众商品,拥有汽车的人往往也拥有富足的财产与特殊的地位,轿车更像是为富人特别定制的大型工艺品,装饰精美,宽敞气派,显然,这是为了匹配车主的身份。由于当时汽车的保有量不高,交通状况还远远达不到堵车的程度,因此在车身尺寸的设定上没有太多顾虑(图 1-3)。

图 1-3　菲亚特 18/24 HP[Fiat 18/24 HP(1907)]

真正让汽车走入普通人生活的是 1908 年福特推出的 T 型车(图 1-4,图 1-5),它结构紧凑、功能实用、价格低廉,自面世至 1927 年停产,短短 19 年的时间,总产量达到惊人的 1 500 万辆,是美国名副其实的"国民车",推动美国成为了"车轮上的国家"。

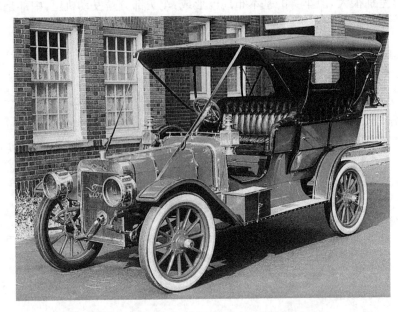

图 1-4 福特 T 型车[Ford Model T(1908)]

图 1-5 福特 T 型车[Ford Model T(1927)]

汽车诞生伊始,厂商的精力主要集中在机械构造的研究上,基本的技术问题解决之后,外形设计才真正成为汽车研发的重要一环,新的外形也更符合人们的需求。如 1919 年的菲亚特 501(图 1-6),采用了封闭的、有车门和车窗的车身,这种车身已经摆脱了早年马车的影响,成为 20 世纪 20 年代至 30 年代轿车普遍的形态。

图1-6 菲亚特501[Fiat 501(1919)]

20世纪30年代,通过风洞试验,不同车身的空气阻力值首次被测量出来,汽车厂商认识到汽车行驶时承受的空气阻力直接影响汽车的油耗,这使汽车的外形逐渐向流线型方向发展。1934年,克莱斯勒率先推出流线型轿车Airflow(图1-7、图1-8)。前轮轮拱、车灯、发动机散热格栅三者之间不再泾渭分明,而是几乎形成一个平面,这使前脸更加整体化,后轮也被轮罩罩住,以谋求更好的空气动力性。

图1-7 克莱斯勒Airflow[Chrysler Airflow(1934)]

当时,大概Airflow的造型太激进,并不是所有人都愿意车头那个突出的"鼻子"消失掉,所以其他厂商只是将前脸的各个部件进行适度的连接,并将车身的其他部分处理得更圆滑,在保留传统造型的基础上降低汽车的空气阻力(图1-9、图1-10)。

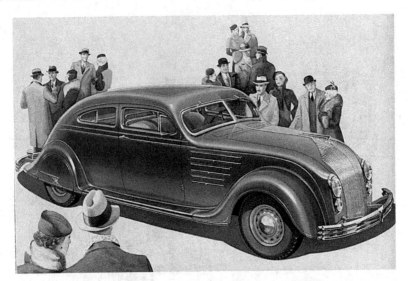

图 1-8 克莱斯勒 Airflow(Chrysler Airflow 流线型车身)

图 1-9 宝马 327 Coupe[BMW 327 Coupe(1937)]

图 1-10 别克 Roadmaster[Buick Roadmaster(1936)]

随着第二次世界大战的爆发,欧洲的汽车工业陷入停顿,直到战后,汽车的起源地才出现了自己的"T 型车"——大众汽车甲壳虫(图 1-11)与雪铁龙 2CV(图 1-12)。

图 1-11　大众汽车甲壳虫[Volkswagen Beetle(1939)]

图 1-12　雪铁龙 2CV[Citroen 2CV(1948)]

大众汽车甲壳虫在 1939 年初一亮相,就吸引了 27 万德国人预订,但因二战的原因,1945 年才真正投产,到 2003 年停产为止,累计生产 2 150 万辆。

俗称"鸭子"的雪铁龙 2CV 诞生于 1939 年,也是因为二战的原因,1948 年才亮相,1949 年开始生产,到 1990 年停产为止,累计生产 510 万辆。

这两款欧洲的国民车有着同样的开发宗旨:能运载 4～5 个人外加少量行李,动力够用就行,油耗低,易于维修保养并且经久耐用,售价普通人能够承受。它们都遵循流线型的设计思路,并以实用为原则,雪铁龙2CV还因为它的卷帘式篷布车顶被揶揄为"四个轮子一把伞"。战后的欧洲,百废待兴,普通人的生活是能省则省,但对交通工具的需求又是大势所趋,所以这两款车大受欢迎,圆了很多人的汽车梦。

与欧洲不同,战后的美国经济飞速发展,人们对汽车的需求不仅仅体现在功能上,还希望它新潮、时髦。1949—1951年,处于困境中的福特推出了Custom(图1-13、图1-14),这款令人耳目一新的轿车拯救了福特。如果说克莱斯勒Airflow"消灭"了车头突出的鼻子,福特Custom则"抹平"了车身,那4个向外凸出的轮拱"融入"了车身侧面,驾驶舱变得更宽,这样的造型不仅令汽车整体感更强,也增大了车内空间。

图1-13 福特Custom[Ford Custom(1949)]

图1-14 福特Custom[Ford Custom(1950)]

进入20世纪50年代,"三厢轿车"的概念被美国设计师雷欧维与斯图德贝克共同提出,很快在美国流行开来。车身明显地被分为发动机舱、驾驶舱、行李厢三个部分,通俗地说就是"前面有鼻子,后面有尾巴"。这3个各自封闭、相互隔离的厢体"相加",组合成了汽车的车身,因此被称作"三厢轿车"。20世纪50、60年代是美国的"黄金时代",四处霓裳艳影、歌舞升平,人们驾驶着各种体积庞大的三厢轿车出入各种社交场合,志得意满。汽车已被想象力与虚荣心撑满,那个"尾巴"的作用不仅仅是装载行李,还承担了装饰与炫耀的功能,轿车的外形被夸张到了极致(图1-15、图1-16)。

图1-15 克莱斯勒 300C[Chrysler 300C(1957)]

图1-16 凯迪拉克 埃尔多拉多[Cadillac Eldorado(1959)]

如同孔雀开屏,虽然漂亮但并非常态。20世纪60年代之后,大概美国人自己也对轿车车尾的"鲨鱼鳍"产生了视觉疲劳,开始清除那些多余的缀饰,车身变得更加平整、利落,但尺寸一如既往的大,动辄3m以上的轴距、5m以上的车长。美国的高速公路发达,汽车的行驶状态以高速与直线居多,另外经济发达,因此大尺寸轿车得以大行其道(图1-17)。

在战后的美国人看来,风靡欧洲的甲壳虫与"鸭子"实在太小,2.4m的轴距什么也做不了,不过欧洲人并不这样想。1955年,菲亚特600微型轿车(图1-18)问世,采用后置后驱的布局形式,车身长度仅为3.22m,这么小的尺寸却丝毫不影响其受欢迎,到1969年停产为止,共生产260万辆。但菲亚特似乎嫌菲亚特600还是太大,1957年又推出了菲亚特500

图 1-17　庞蒂克 Grand Prix[Pontiac Grand Prix(1963)]

图 1-18　菲亚特 600[Fiat 600(1955)]

(图 1-19),轴距仅为 1.84 m,车长也仅有 2.97 m,还比不上多数美国轿车的轴距。菲亚特 500 被亲切地称为"米老鼠",从 1957 年到 1977 年为止,共生产 350 万辆。

从图 1-18 和图 1-19 可以看到,菲亚特在告诉消费者:汽车可以改变生活。这正是战后欧洲社会状况的写照:经济正在回升,人们对生活的质量开始有了新的要求,虽然不一定富有,但一辆价格低廉的小车是很多人都承受得起并希望拥有的。

欧洲山路较多,蜿蜒盘旋,城市历史悠久,街道普遍狭窄。随着汽车保有量的上升,交通开始拥挤,因此菲亚特 600 与菲亚特 500 都采用了两厢式设计,它们也必须这样设计。很难想象如埃尔多拉多那样的庞然大物在欧洲古城里闪转腾挪,而这恰恰是"米老鼠"的强项(图 1-20、图 1-21)。

图1-19　菲亚特500[Fiat 500(1957)](1)

图1-20　菲亚特500[Fiat 500(1957)](2)

菲亚特畅销的产品不仅是微型轿车,它的三厢轿车124也是欧洲最受欢迎的家用轿车之一(图1-22),后来前苏联将其生产线引进,取名拉达(Lada),拉达最成功的车型就是VAZ-2101(图1-23),20世纪80年代和90年代,拉达被出口至全球各地,同时也在不同的地区积累了相当不错的口碑,消费者都对这个来自红色阵营的小车刮目相看。拉达超过60%的产量都被出口到国外,美国是它唯一没有去过的西方大国。

图 1-21　菲亚特 500[Fiat 500(1957)](3)

图 1-22　菲亚特 124[Fiat 124(1968)]

在菲亚特 124 与拉达 2103 上，能清晰地看到 20 世纪 60、70 年代三厢轿车的造型语言：车顶与车窗"扣在"一个规则的长方体上，发动机罩、行李厢盖的长度相当，轿车的侧面形成一个比例均衡的三段体。而整个前脸是一个长方形，由上而下分为三部分：前灯、发动机进气格栅整合为一体，占据前脸上部；中部是保险杠；下部留给进气口与扰流部件。车尾立面同样也分为三部分，与前脸形成呼应。这样的造型手法逐渐成为一种稳定的格式，一直沿用至今，变化只是在于内容上的增减与更新。

正当欧洲人习惯了驾车出游享受生活的时候，生活却发生了意想不到的骤变。1973 年 10 月 6 日，第四次中东战争爆发，阿拉伯世界的几个主要产油国大幅提高原油价格，从而引发了

图 1-23　拉达 VAZ-2101[Lada VAZ-2101(1981)]

第一次世界石油危机。

严重依赖石油的美国与欧洲不得不采取一系列应对措施,包括减少航班、限制车速、禁止周日驾车、禁售大功率汽车等,加油站前排起长队却加不到油成为平常景象,汽车对普通人来说更像是个负担。

这场危机使世界经济遭受重创,也大大影响了普通人的生活,消费者开始更理性地选择汽车,更关心汽车的油耗与实用性,在此时代背景之下,汽车历史上的一个重要角色登场了,它就是大众汽车高尔夫。

1974 年 3 月的日内瓦车展上,大众汽车发布了第一代高尔夫(图 1-24)。这是一款全新开发的经济型轿车,指向性极为明确——省油、实用,同时技术先进,打破了甲壳虫式的后置后驱传统,采用前置前驱布局。

图 1-24　大众汽车高尔夫[Volkswagen Golf 1(1974)]

车身由意大利设计大师乔盖托·乔治亚罗(Giorgetto Giugiaro,图1-25)操刀,他赋予了高尔夫1颠覆传统的两厢式车身。在此之前,只有如菲亚特500那样的微型轿车才采用两厢式设计,人们认为既然车都小到那种程度了,就不必强求外形符合常理,但在一辆尺寸"正常"的轿车上去掉"尾巴",高尔夫1开了先河。

图1-25 乔盖托·乔治亚罗

尽管有些愕然,但人们还是很快接受了它,因为这辆车不仅拥有大胆的设计,更重要的是这大胆合乎情理:缩短了车长,减轻了车重,降低了油耗,操控更灵敏,同时,乔治亚罗提供了更合理、更高效的空间利用方案,这些使高尔夫1在石油危机的背景下成为一款近乎完美的汽车。

现任的大众汽车集团设计总监沃尔特·德·席尔瓦(Walter De Silva)如是评价高尔夫1:"乔治亚罗的设计绝对富于革新精神,它表现出强壮、团结和准确,具有德国的典型特点,因此成为了畅销车。"

从1974年上市到1976年,仅用两年的时间,高尔夫1的销量就突破了100万辆,到1983年换代为止,总共生产630万辆。从高尔夫开始,两厢轿车在欧洲成为非常重要的轿车类型,同时,轿车的级别划分也明确地有了"紧凑级"这个概念。从1974年面世至今,高尔夫已经历了6次换代,总销售量超越了它的前辈甲壳虫,达到2 600万辆(图1-26、图1-27)。

图1-26 大众汽车高尔夫[Volkswagen Golf 1-5(1974—2008)](1)

图 1-27　大众汽车高尔夫[Volkswagen Golf 6(2008)](2)

1975 年,第一次世界石油危机结束,在危机中吃够苦头的美国人不再只倾心于自己的大尺寸轿车,开始青睐比较省油的经济型轿车。美国人偏爱三厢轿车,因此哪怕是风头正劲的高尔夫1,也只好"加个屁股",名字换作"捷达",于 1979 年进入美国市场。当然,一款车型不是简单地把两厢改为三厢就能取得成功。1983 年,捷达与高尔夫同步换代,新车的设计就着力将两者区分开来,日后捷达逐渐发展成一款基于高尔夫的独立车型,我国于 1991 年将第二代捷达引进生产(图 1-28、图 1-29)。

图 1-28　大众汽车捷达 1[Volkswagen Jetta 1(1979)]

图 1-29　大众汽车捷达 2[Volkswagen Jetta 2(1983)]

美国是世界第一大汽车市场,各大汽车厂商高度重视,尤其是依赖出口的日本品牌,其车型往往细分为欧版、美版,使产品的设计更符合目标市场的需求。这样细致的工作态度获得了回报,例如本田雅阁,多年来一直是美国市场的畅销车(图1-30、图1-31)。

图1-30　本田　雅阁——欧版[Honda Accord EU-Version(2003)]

图1-31　本田　雅阁——美版[Honda Accord US-Version(2003)]

处于不同地域文化中的消费者对汽车的理解与需求不同,汽车厂商根据目标市场的实际情况进行针对性的设计,从而导致了汽车形态的多元化。例如日本汽车,展示其形象的大多是出口车型,而日本本土的很多车型外人并不了解。究其原因,很简单:车型是针对日本市场设计的,仅在国内销售(图1-32、图1-33)。

图1-32　铃木Palette SW[Suzuki Palette SW(2009)]

图 1-33 日产 Otti[Nissan Otti(2008)]

而有些车型则是针对某一个或少数几个市场特别推出的——一些国际大品牌挑选其成熟产品进行适当修改,然后作为一款独立车型在目标市场"全球首发"。此类型的汽车不存在"与国际同步推出"的问题,因为"国际"上没有同样的车型(图 1-34、图 1-35)。

图 1-34 雪铁龙 C2(中国市场)[Citroen C2 (2005)]

图 1-35 大众汽车宝来(中国市场)[Volkswagen Bora (2008)]

(二) 轿车的厢体划分方式

从厢体的划分方式来看轿车,分为三厢轿车、两厢轿车、单厢轿车和旅行轿车。

1) 三厢轿车

三厢轿车最显著的特征是车尾凸出的行李厢,也就是有"尾巴",而这个"尾巴"的形成与后悬有直接的关系:理论上讲,后悬越长,行李厢就越大,为了保证行李厢的容积,三厢轿车的后悬必须足够长。通常情况下,前置前驱的三厢轿车后悬与前悬长度相当,前置后驱的三厢轿车则后悬明显比前悬长。

"尾巴"不是一个简单的装饰,当需要乘坐4~5人并装载一些物品时,行李厢就显得很重要了。三厢轿车的行李厢容积通常在400~600 L之间。行李厢内部越规整,空间利用率就越高,开口越大、越低,取放物品就越方便(图1-36)。

图1-36 宝马5系[BMW 5 Series (2010)]

好比一个人随时随地背着一个大包,当需要装东西时,这个包的好处显而易见,而没东西可装时,它似乎就有些累赘。人们对汽车的需求点是不尽相同的,对于相当一部分消费者来说,这个行李厢并不是必需的,也正因为如此,两厢轿车才有了存在的可能性。

2) 两厢轿车

正如乔治亚罗在高尔夫1上所做的:将行李厢去掉,于是三厢变两厢。两厢轿车与三厢轿车的发动机舱和驾驶舱几乎是一样的,区别在于"尾巴"消失了,驾驶舱的尾部直接成了车尾,所以两厢轿车的后悬通常比前悬短(图1-37)。

两厢轿车没有那个凸出的行李厢,这样可以缩短汽车的长度,同时车重也会相应减轻,这对提高操控性、降低油耗、缓解交通拥堵等都有好处,但装载行李的能力也会降低。为了解决这个矛盾,两厢轿车需要提供比三厢轿车更为灵活多变的行李装载方式,更加充分地利用车内空间。

首先,车尾就是驾驶舱的尾部,行李厢盖变成了一个宽大的尾门,因此两厢轿车通常为5门或者3门。将尾门向上掀起之后,体积较大的物品就能放入车内。其次,后排座椅可以放倒、收起,这样驾驶舱的后半部分就变成了一个"内置"的大容量行李厢。如图1-38所示,当波

图 1-37 菲亚特·乌诺[Fiat Uno(1983)]

罗的后排座椅为正常状态时,行李厢容积为 280 L,全部收起时,容积就达到了 952 L,这个数据已经远远超过了三厢轿车的行李厢,而后排座椅可以分开放倒,这样在增大载物空间的同时,后排也仍能乘坐 1~2 人(图 1-39)。

图 1-38 大众 波罗[Volkswagen Polo(2009)]

图 1-39 后排座椅调整 大众 波罗[Volkswagen Polo(2009)]

3）单厢轿车

两厢轿车由三厢轿车演变而来，单厢轿车则是两厢轿车的变体。图1-40是单厢轿车梅赛德斯·奔驰A级。奔驰A级的车鼻与前窗几乎形成了一个整斜面，这是单厢轿车的典型特征。奔驰A级比波罗高，发动机舱更高、更短，因此前悬较短，车轮被放置在汽车的四个角上，这使奔驰A级的轴距长于波罗而车长却不及波罗，这样的设计可以达到"短车身、大空间"的效果，提高了汽车的实用性，对于小尺寸轿车来说，这很重要。

与两厢轿车相比，单厢轿车的实用性更高，但车高的提升使高速稳定性不及两厢轿车，另外前部的整斜面与较高的车高也使汽车看上去不像传统的轿车，一部分消费者不易接受。

图1-40　梅赛德斯·奔驰A级[Mercedes-Benz A Class（2008）]

4）旅行轿车

把三厢轿车的行李厢盖以上那部分"空闲空间"纳入车内，与前面的驾驶舱结合为一个整体，就成了旅行轿车。如图1-41所示，旅行轿车有着与三厢轿车一样长的后悬和两厢轿车式的尾门，看上去就像一辆加长了的两厢轿车，虽然有着与三厢轿车相同的车长、车高，但没有"尾巴"，所以不是三厢轿车；虽然有着与两厢轿车同样的厢体划分方式，但后悬与三厢轿车一样长，所以又不是两厢轿车。

图1-41　宝马5系旅行款[BMW 5 Series Touring（2010）]

旅行轿车属于三厢轿车的衍生车型,除了车尾那个大容量的行李厢之外,其余部分都与三厢轿车一样,其设计目的很明确——增大行李厢,以满足更多、更复杂的载物需求——此类需求往往出现在举家外出旅行时,因此这种车型被称作旅行轿车。

旅行轿车有着与两厢轿车一样灵活的空间利用方案,更有两厢轿车所不及的大容量。如图1-42所示,当宝马5系旅行轿车的后排座椅完全放倒时,其行李厢容积可达1 670 L,而尾窗可以单独开合,这样在取放小件物品时,就不用掀起尾门了(图1-43)。

图1-42　宝马5系旅行款[BMW 5 Series Touring (2010)](1)

图1-43　宝马5系旅行款[BMW 5 Series Touring (2010)](2)

(三) 轿车的级别划分方式

轿车划分为若干级别,由小到大依次是微型轿车、小型轿车、紧凑级轿车、中级轿车、行政级轿车、大型轿车,将同一品牌各个级别的轿车依次排列起来,便能看清这个品牌的轿车产品线。大型的汽车厂商都有一条趋于完整的产品线,使自己的产品覆盖各个轿车级别,层次清晰,就像一个兄弟姐妹众多的大家庭;而通过横向阅读可以看到:不同品牌的产品在同一级别里的相互竞争,价位相同的同级别轿车互相成为"对手车",针锋相对。

轿车有各种用途,汽车厂商针对不同的客户生产用途不同的轿车,便使轿车产生了各种级别。划分轿车级别最为重要的依据是轴距,随着轴距的增长,车身尺寸、性能、配置与售价也同步上升。轴距是决定车内空间大小的基本要素,在所有级别中,大型轿车的轴距最长,车内空间也最宽敞;微型轿车的轴距最短,车内空间则刚刚够用。这一首一尾之间,紧凑级轿车的轴距"恰到好处",车内空间既不促狭也不浪费,仿佛一个坐标原点,向上是做加法,向下则是做减法。

1) 紧凑级轿车

如前文所述,1974年面世的高尔夫1(图1-24)是一个划时代的产品,它率先使用了两厢式车身,并将经济性与实用性在轿车中落到实处,从那时开始,紧凑级明确地成为一个轿车级别,高尔夫是当之无愧的鼻祖。从第一代到如今的第六代,高尔夫超过2 600万辆的销量足以证明其受欢迎的程度,它已成为紧凑级的行业标杆。

紧凑级轿车的轴距通常在2 500~2 700 mm,例如雪铁龙C4为2 610 mm,欧宝雅特为2 685 mm,奥迪A3与高尔夫同为2 578 mm(图1-44)。

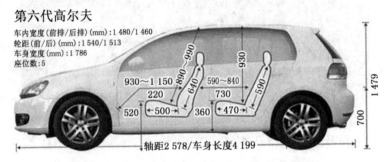

图1-44 大众 高尔夫[Volkswagen Golf (2008)]

紧凑级轿车通常配备1.6-2.0 L自然吸气发动机或者具备相应功率的增压发动机,采用前置前驱布局。一汽大众生产的高尔夫6搭载1.6 L4缸自然吸气发动机或者1.4 L4缸增压发动机,最大输出功率分别为77 kW和96 kW,最高车速为180 km/h和200 km/h,0~100 km/h加速耗时10 s左右。

在欧洲市场,紧凑级轿车以两厢车型为主,并且5门款与3门款共存。针对更喜欢三厢轿车的市场(如美国、中国市场),一些厂商也会提供三厢车型,比如捷达就是基于高尔夫的三厢车型,而一汽大众生产的速腾,就是基于高尔夫5的第五代捷达,在高尔夫6推出2年后,第六代捷达也已面世(图1-45、图1-46)。

图1-45 大众 捷达(第五代)[Volkswagen Jetta (2005)]

图 1-46　大众　捷达(第六代)[Volkswagen Jetta (2010)]

　　一些本不提供三厢车型的品牌在中国市场不免有些尴尬,只好将两厢车型改造为三厢车型,被戏称为"加屁股"(图 1-47)。而从开发初期便全盘考虑的车型则体面得多,两厢、三厢甚至旅行款一应俱全,并且风格统一(图 1-48～图 1-50)。

图 1-47　标致 307(三厢款)[Peugeot 307(2004)]

图 1-48　福特　福克斯(两厢款)[Ford Focus(2010)]

图 1-49　福特　福克斯(三厢款)[Ford Focus(2010)]

图 1-50　福特　福克斯(旅行款)[Ford Focus(2012)]

紧凑级轿车的车内空间不大也不小,配置则以实用为原则,既不高档也不简陋,这正是其开发宗旨的体现:在功能与外观、品质与售价等相互制约的因素之间寻找最佳的平衡点。以高尔夫为例,其 2 578 mm 的轴距在这个级别中是比较短的,在对手纷纷加大尺寸时,它却不为所动,因为增加轴距虽然可以改善车内空间,但也会导致车重上升,从而引起操控、油耗、成本等环节的连锁反应,而紧凑级轿车成功的关键恰恰是要精确地控制成本,使产品既先进、可靠,又不会提高售价(图 1-51、图 1-52)。

图 1-51　大众　高尔夫 GTI[Volkswagen golf GTI(2010)]

图 1-52 大众 高尔夫(敞篷款)[Volkswagen golf(2011)]

从 1974 年至今,高尔夫销售了 2 600 万辆,1979 年问世的捷达也销售了近 1 000 万辆,大众汽车在紧凑级领域取得了骄人的业绩,这折射出紧凑级轿车市场巨大。这个级别为何有如此大的市场?解答这个问题不妨倒推一下,先看看售价——以中国市场为例,紧凑级轿车的售价约为 10 万~18 万元,这个价格区间所对应的消费者是中等收入人群:具备消费能力,同时数量庞大。他们希望自己的汽车品质好,但实用、不昂贵;车内空间足够独自使用或者家庭使用,但车身不要太大。紧凑级轿车正好满足这些消费需求,市场巨大也就顺理成章了,因此各大厂商对这个市场高度重视,都希望自己的产品能够在激烈的竞争中占有一席之地(图 1-53~图 1-56)。

图 1-53 雪铁龙 C4[Citroen C4 (2011)]

图 1-54 雪佛兰 科鲁兹[Chevrolet Cruze (2010)]

图 1-55　雷诺　梅甘娜[Renault Megane (2008)]

图 1-56　阿尔法·罗密欧 Giulietta
[Alfa Romeo Giulietta (2010)]

2) 微型轿车

电影《罗马假日》中,一辆微型轿车靠到路边停下,身材高大的记者从车内探出身为公主把车门打开,待公主下车后自己像做体操一般钻出来,这一组镜头令人忍俊不禁。记者与公主乘坐的这件可爱的"道具"绰号叫做"米老鼠",学名是菲亚特 Topolino 500("topolino"意即老鼠),就是第二次世界大战之后风靡意大利的菲亚特 500 的前身。

在汽车市场的初级阶段,大部分国家都风靡过尺寸小、功率低的小排量汽车,如甲壳虫、雪铁龙 2CV,还有我国生产的天津夏利、长安奥拓。风靡的原因还是在于价格低廉。从理论上说,车越小,价格就越便宜,就能让越多的人拥有汽车。

1934 年,当菲亚特的设计师丹特·吉亚克萨(Dante Giacosa)接受任务设计一款意大利的国民车时,他还不满 30 岁。"人们都梦想着拥有一辆汽车,急切需要一款高性价比的车型,因此乔治·阿涅利(菲亚特的老板)要求我们造出一辆只卖 5 千里拉的汽车。"年轻的吉亚克萨出色地完成了任务,他创造了"米老鼠"的可爱造型,并确定了当时汽车的最低标准:全钢车身,4 缸发动机 9.6 kW,2 个座位。

从 1936 年上市到 20 世纪 50 年代中期,菲亚特 Topolino 500 的产量已达 50 万辆。而人们的要求更多了,有 2 个孩子的普通家庭非常需要有 4 个座椅,因此吉亚克萨修改了他当年确定的标准:发动机变为体积更小的 2 缸,并改为后置,车内设置 2 排 4 座。这样的设计首先用在了 1955 年推出的菲亚特 600 上,2 年之后复制到菲亚特 500 上。

1957 年面世的菲亚特 500(图 1-57)搭载 0.5L2 缸发动机,最大输出功率 9.6 kW,后来改进至 16.2 kW,0～80 km/h 加速耗时 33 s,最高车速接近 100 km/h。如此小的功率仍能驱动汽车正常地行驶,这是因为菲亚特 500 的车重只有 510 kg。体重轻,身材自然也不会大,它的轴距仅有 1.84 m,车长仅为 2.97 m。吉亚克萨坚持极简主义原则,为了减轻车重并降低成本,他将配置减至最低程度,甚至放弃了后视镜。

图 1-57　菲亚特 500[Fiat 500 (1957)]

1972 年的都灵车展上,菲亚特发布了 500 的后续车型 126。这款微型轿车由意大利著名设计公司博通设计,保留了其前辈的后置后驱布局,轴距仍为 1.84 m,仍然搭载 2 缸发动机,吉亚克萨创立的标准得到了完整地延续。

1972 年至 2000 年,菲亚特 126 共生产了 467 万辆,我国曾在 20 世纪 80 年代进口了 3 万辆由波兰生产的 126P,它被唤作"小 P",作为最早的出租车车型之一,穿梭于城市的街头巷尾(图 1-58)。

图 1-58　菲亚特 126[Fiat 126(1972)]

如果只设置单排2座,还有比"米老鼠"和"小P"更小的。1955—1962年,宝马生产了一款微型轿车Isetta,轴距1.5 m,车长2.35 m,车重仅360 kg,在德国被称作"滚动的鸡蛋"。这个"滚蛋"搭载一台后置的单缸发动机,排量0.3 L,最大输出功率为9.6 kW,最高车速可达87 km/h。乍眼一看,Isetta没有车门,倒是车头有一个大盖子,将盖子向一侧掀开,会发现方向盘也跟着"靠边站"了,因为这样才能让人坐进去,坐进去以后还得重新习惯:换挡杆在左侧,那个位置本该安装摇车窗的把手(图1-59)。

图1-59 宝马Isetta[BMW Isetta(1955)]

7年间,Isetta共生产了16万辆,数字不算太大,但这个数字挽救了处于困境中的宝马。这辆宝马汽车和现在的宝马汽车相去甚远,看起来甚至像三轮摩托车,但它能被批量生产,说明人们还是喜欢它的。这是德国第二次世界大战之后经济复苏时期的产物,恰恰探到了底——作为一辆汽车,能被简化到什么程度?而菲亚特500则代表了人们对4座汽车要求的底限,这两款汽车就像紧身衣一样,一点也不多,但一点也不少。

还有没有稍许"宽松"的选择?有的,1959年出品的迷你,轴距2 m,车长3 m,车重620 kg,搭载0.8 L的4缸发动机,最大输出功率27.6 kW。同样坚持纯粹主义设计哲学的亚历克·伊西格尼斯爵士(Sir Alec Issigonis)让前置前驱在空间布置上的优越性真正得到了体现:横置发动机使发动机机舱很短,驾驶舱得以紧贴前轮,轴距被充分利用。到2001年新款上市为止,老款迷你一共销售了500多万辆,它的车主中不乏"憨豆先生"这样的普通人(图1-60)。

图1-60 电视剧《憨豆先生》中的BMW Mini

与那些少数人才能拥有的大尺寸高档轿车相比,平民化的小尺寸轿车似乎更加让人记忆深刻,对普通人的影响也更大,对设计师来说这是公平的,因为小车更难设计。正在领导设计团队攻坚大众汽车微型轿车(图1-61、图1-62)项目的沃尔特·德·席尔瓦说:"小尺寸轿车有着很多聪明的设计,简洁,纯粹,加上优美的造型,它们很令人惊讶。"

图 1-61　大众 Milano Taxi 概念车[Volkswagen Milano Taxi(2010)](1)

图 1-62　大众 Milano Taxi 概念车[Volkswagen Milano Taxi(2010)](2)

今天,微型轿车的尺寸比过去大很多,轴距通常在 2 300～2 400 mm,例如丰田 Aygo 为 2 340 mm,新款菲亚特 500 为 2 300 mm。

微型轿车的车身采用两厢式或者单厢式设计,有些品牌只生产 3 门款,有些品牌则 3 门款与 5 门款都有。通常配备 1.0～1.4 L 自然吸气发动机,前置前驱。既然车内空间狭小,就需要"聪明的设计"。比如菲亚特 500 提供与车身同色的驾驶台面板,在座椅后背设置挂衣钩等,其目的，就是让这辆小车更实用、更招人喜爱(图 1-63)。

图 1-63　菲亚特 500[Fiat 500(2007)]

生产微型轿车，尽量降低成本是关键。如今很多品牌横向联手，共同开发，共享技术与零部件，达到分摊成本的目的，所以市场上会出现一些并不相同却又非常相似的微型轿车产品。比如菲亚特 500 与福特 Ka 就是"一对儿"；而雪铁龙 C1 与标致 107 则共同拥有丰田 Aygo 的身材，只是分别拥有自己的"面相"(图 1-64～图 1-67)。

图 1-64　福特 Ka[Ford Ka(2007)]

梅赛德斯·奔驰与瑞士著名手表品牌 Swatch 合作开发的 Smart Fortwo 采用后置后驱布局，单排 2 座，轴距 1 867 mm，车长 2 695 mm，车重 825 kg。搭载 61.7 kW 的 1 L 3 缸增压发动机，最高车速 145 km/h，0～100 km/h 加速耗时 11.5 s。作为高档品牌梅赛德斯·奔驰的子品牌，Smart Fortwo(图 1-68)自然不便宜，这使其销售状况较为艰难。高档品牌微型车在售价上没有优势，市场较小，因此德系另外两家高档品牌宝马与奥迪都缺席这种车型。

图 1-65　丰田 Aygo[Toyota Aygo(2008)]

图 1-66　雪铁龙 C1[Citroen(2008)]

图 1-67　标致 107[Peugeot 107(2008)]

中国市场的微型轿车售价在3万~6万元之间,利润空间很窄,对成本控制的要求很高,甚至苛刻,国际品牌如果将自己的产品引进生产,很可能没钱赚,因此在中国,合资品牌的微型轿车可谓凤毛麟角,这个级别的主角是自主品牌(图1-69、图1-70)。

图1-68　奔驰[Smart Fortwo(2010)]

图1-69　铃木　奥拓[Suzuki AIto(2008)]
合资品牌产品

3) 小型轿车

了解了紧凑级轿车与微型轿车之后再来看小型轿车,就比较容易对其定位——没有紧凑级大,也没小到微型的程度。大多数厂商的小型轿车都可以看成是其紧凑级产品的"兄弟",轴距通常在2 400~2 500 mm,比如福特嘉年华为2 490 mm,大众汽车波罗为2 470 mm(图1-71)。

图 1-70　瑞麟 M1（2009）自主品牌产品

图 1-71　大众　波罗[Volkswagen Polo（2009）]

　　与紧凑级轿车一样,小型轿车也是 3 门、5 门皆有,两厢、三厢并存,有些车型则采用了单厢造型(图 1-72～图 1-75)。小型轿车通常配备 1.0～1.6 L 3 缸或 4 缸自然吸气发动机,而大众汽车已率先将 1.2 L 4 缸增压发动机作为主力机型配备在波罗上,最大输出功率为 77 kW,最高车速为 190 km/h,0～100 km/h 加速耗时 9.8 s。

图 1-72　雪铁龙 DS3(3 门车型)[Citroen DS3（2010）]

图 1-73 欧宝 Corsa(5 门车型)[Opel Corsa (2010)]

图 1-74 本田 飞度(单厢车型)[Honda Fit (2007)]

图 1-75 大众 波罗(三厢车型)[Volkswagen Polo (2010)]

在宝马将迷你品牌纳入旗下后,2001年推出了新款的迷你Cooper(图1-76),轴距增加至2 467 mm,成为宝马产品线上的小型轿车。迷你被改变的不仅是尺寸,还有身份,它已经由一款人人买得起的国民车变成了一部分人的宠物。如今随着油价的上涨,加上越发拥堵的城市交通状况,尺寸小,油耗低,但配置丰富的高档小型轿车市场正在逐渐扩大,因此奥迪也于2010年推出了自己的小型轿车A1(图1-77)。

图1-76 迷你Cooper[Mini Cooper (2001)]

图1-77 奥迪A1[Audi A1(2010)]

中国市场的小型轿车价位在6万~12万元之间,较低的价格与够用的空间使小型轿车成为很多人购车的起点。厂商基本都同时提供两厢与三厢车型,消费者如果偏重个人使用就可以选择两厢车型,偏重家庭使用便选择三厢车型。

4）大型轿车

大型轿车是轿车产品线上的顶级产品,价位最高,尺寸也最大,轴距通常在3 m左右,比如宝马7系为3 070 mm,奥迪A8为2 992 mm,梅赛德斯·奔驰S级为3 035 mm。

大型轿车都是三厢车型,没有旅行款。人们常用"5 m长、2 t重的大车"来形容大型轿车,既然是大车,动力配备自然不能低,大型轿车通常配备3.0~6.0 L 6缸、8缸甚至12缸的自然吸气发动机,选择增压发动机的车型不多,这是因为自然吸气发动机的运转平顺性更好。如梅赛德斯·奔驰S500,搭载5.5 L的V8自然吸气发动机,最大输出功率为285 kW,最高车速为250 km/h,0~100 km/h加速耗时仅5.5 s。大型轿车普遍采用前置后驱布局,同时提供四驱版本,而奥迪不生产后驱车型,因此常见的是前置前驱与四驱版本。

德系三大高档品牌梅赛德斯·奔驰、宝马、奥迪是大型轿车的主要生产商,这个级别的产品不仅需要品质好,还需要有"传统"、有"基因"。奔驰与宝马都是历史悠久的高档品牌,因此它们生产大型轿车"名正言顺",而奥迪通过二十余年的努力,也迎头赶上,树立了高档品牌的形象。

由于品牌形象的关系,汽车厂商对生产大型轿车持谨慎态度,即便是大众汽车,因为一直是生产"大众的汽车"的品牌,其大型轿车辉腾(图1-78)自2002年推出以来并未取得预想的成果。而丰田旗下品牌雷克萨斯自1989年推出LS系列(图1-79)以来,已经历了两次换代,在大型轿车市场占据了一席之地。

图1-78 大众 辉腾[Volkswagen Phaeton (2010)]

大型轿车售价昂贵,在成本控制上比较宽松,因此先进的发动机、变速器、减震系统等尖端科技成果都汇集在新车型上,使其成为厂商造车能力的展示平台。车内空间宽敞、设施豪华、用料考究,真皮、实木比比皆是,按摩座椅、车载电冰箱、多媒体娱乐系统一应俱全。当然,越是豪华,车就越重(图1-80~图1-82)。奥迪A8仅内饰的重量就超过了300 kg,但由于采用了轻量化的全铝车身,其车重反而低于竞争对手(图1-83)。

图 1-79　雷克萨斯 LS[Lexus LS (2006)]

图 1-80　梅赛德斯·奔驰 S 级[Mercedes-Benz S Class (2009)]

图 1-81　宝马 7 系[BMW 7 Series (2009)]

图1-82 奥迪A8换挡杆[Audi A8 (2010)]

图1-83 奥迪A8[Audi A8 (2010)]

除了作为领导人的座驾或用于礼仪迎宾,大型轿车多为拥有决策权的商界高层服务,车主往往是不开车的,乘坐的舒适性是大型轿车最重要的指标,因此大部分车型选择更安静、更平顺的自然吸气发动机,在这个级别的轿车上,驾驶者是被放在第二位的。

中国的大型轿车市场只有进口车型,并且以加长版居多,加长之后,奔驰S级的轴距达到了3 165 mm,宝马7系为3 210 mm,奥迪A8为3 122 mm。除了前文提到的大型厂商生产的车型,其他相对小众的豪华品牌的产品在中国亦有不错的销售成绩,中国已成为大型轿车的重要市场。上海世博会上,雪铁龙在法国馆展出了针对中国市场设计的概念车Metropolis,这也许会是雪铁龙进入大型轿车领域的敲门砖(图1-84)。

图1-84 雪铁龙Metropolis[Citroen Metropolis (2010)]

5）行政级轿车

行政级轿车又被称为"中大型轿车"，顾名思义，就是比中级轿车大、比大型轿车小的轿车。由于在日本、欧洲市场，这个级别的轿车是标准的公司管理层用车，也是政府为较高级别官员配备的办公用车，所以被称作"行政级轿车"，轴距通常在 2.9 m 左右，比如梅赛德斯·奔驰 E 级为 2 874 mm，宝马 5 系为 2 968 mm，奥迪 A6 为 2 843 mm。

行政级轿车都是三厢车型，并提供旅行款，通常配备 2.4～4.2 L 6 缸、8 缸自然吸气发动机或具备相应功率的增压发动机。如奥迪 A6 2.8FS1（图 1-85），搭载 2.8 L 的 V6 自然吸气发动机，最大输出功率为 162 kW，最高车速为 236 km/h，0～100 km/h 加速耗时 7.9 s。

图 1-85　奥迪 A6[Audi A6 2.8FS1 (2010)]

与大型轿车一样，行政级轿车普遍采用前置后驱布局，同时提供四驱版本，奥迪则提供前置前驱与四驱版本。在这个级别唱主角的依然是德系三大品牌——梅赛德斯·奔驰、宝马和奥迪，它们的产品已是多年的老对手，逐渐形成了三足鼎立的局面，占据了大部分市场份额。

1988 年，一汽开始组装生产行政级轿车奥迪 100，中国成为奥迪的"第二故乡"。从初期的 100（图 1-86）到现在的 A6，奥迪在中国取得了骄人的销售业绩，更在中国人心中树立了良好的品牌形象，使奥迪从一个中档品牌发展为比肩梅赛德斯·奔驰与宝马的高档品牌。

图 1-86　奥迪 100[Audi 100 (1982)]

深谙中国市场规律的奥迪为1999年推出的国产A6制定了加长策略,让行政级轿车向大型轿车靠拢,这个策略取得了成功,如今的后来者奔驰E级、宝马5系,无不针对中国市场增添配置、加长轴距。加长后,奥迪A6的轴距为2 945 mm,奔驰E级为3 014 mm,而宝马5系更是达到了3 108 mm,甚至超过了宝马7系。在中国,如果仅看外形尺寸,行政级轿车与标准版大型轿车之间界限已不明显,进口大型轿车多为加长版(图1-87、图1-88)。

图1-87　宝马5系L[BMW5 series L (2010)]

图1-88　梅赛德斯·奔驰E级L[Mercedes-benz E Class L (2010)]

除了德系三大品牌,中国的行政级轿车市场还有丰田皇冠、凯迪拉克SLS、捷豹XF等车型,沃尔沃在2011年的上海车展上推出了概念车Universe,或许这将是沃尔沃下一代行政级轿车的雏形(图1-89～图1-92)。

图 1-89 丰田 皇冠[Toyota Crown (2003)]

图 1-90 凯迪拉克 SLS[Cadillac SLS (2007)]

图 1-91 捷豹 XF[Jaguar XF (2011)]

图 1-92 沃尔沃 Universe[Volvo Universe Concept (2011)]

6) 中级轿车

中级轿车的轴距通常在 2.8 m 左右,比如奥迪 A4 为 2 808 mm,宝马 3 系为 2 760 mm。

中级轿车都是三厢车型,并提供旅行款,通常配备 2.0～3.0 L 4 缸、6 缸自然吸气发动机或具备相应功率的增压发动机。如宝马 320i,搭载 2.0 L 的 4 缸自然吸气发动机,最大输出功率为 110 kW,最高车速为 220 km/h,0～100 km/h 加速耗时 11 s。

中级轿车普遍采用前置前驱布局,有些高档品牌如梅赛德斯·奔驰与宝马采用前置后驱布局,少数车型提供四驱版本。

在欧美市场,中级轿车是主要的家用车型,对后排空间没有特殊要求。而在中国市场,中级轿车更多的是作为公务用车,或者"公私兼顾",独立作为家庭用车的比例较小,因此当上海大众 2000 年推出国产帕萨特(图 1-93、图 1-94)时,将原车的轴距加长了 100 mm,达到了 2 803 mm,让中级轿车向行政级轿车靠拢。与奥迪 A6 一样,帕萨特取得了成功,在中国的公务型中级轿车市场一直是重要的车型,通过这次小型"外科手术",这款加长的中级轿车在中国成功地扮演了大众汽车品牌行政级轿车的角色。

图 1-93 大众 帕萨特[Volkswagen Passat (1996)](1)

图 1-94 大众 帕萨特[Volkswagen Passat (2011)](2)

帕萨特的成功经验带动其他厂商在新车开发阶段便加大尺寸,并把造型设计得更适合公务使用,主攻公务型中级轿车市场(图 1-95～图 1-98)。

图 1-95 丰田 凯美瑞[Toyota Camry (2006)]

图 1-96 本田 雅阁[Honda Accord (2007)]

图 1-97　日产　天籁[Nissan Teana (2008)]

图 1-98　福特　蒙迪欧[Ford Mondeo (2011)]

随着经济的发展,中国的家用型中级轿车市场正在扩大,因此有些品牌同时推出两款中级轿车,分别针对家用型市场(图 1-99)与公务型市场(图 1-100)。

图 1-99　别克　君威[Buick Regal (2009)]针对家用型市场

图 1-100　别克　君越[Buick La Crosse (2009)]针对公务型市场

(四) 平台

轿车的级别划分说明了产品与市场之间的关系,作为设计师,明确了设计对象的级别,才能做到有的放矢,而对于厂商来说,级别的划分更有利于技术的整合与产品的开发,如今被汽车厂商广泛采用的"平台战略"便是建立在级别划分的基础之上。

平台是指使用相同的底盘结构,生产不同的汽车产品。同平台的汽车往往造型、功能、目标市场不同,但底盘结构与车身结构却是一样的,零部件也有很大的通用性。市场上很多不同品牌的车型看上去没有关系,实际来自同一个集团下的同一个平台,虽然挂着各自的车标,但相互之间就像表兄弟一样,有着"血缘关系"。例如,大众的波罗和奥迪 A1,标致 307CC 与雪铁龙 C4 Coupe 等(图 1-101～图 1-104)。

图 1-101　大众　波罗[Volkswagen Polo (2009)]

图 1-102　奥迪 A1[Audi A1 (2010)]

图 1-103　标致 307CC[Peugeot 307 CC (2005)]

图 1-104　雪铁龙 C4 Coupe[Citroen C4 Coupe (2004)]

二、跑车

跑车——由赛车衍生而来,相比轿车更具运动性能的汽车类型:跑车的英文称谓是 Sports Car,宜译为"运动型轿车",可见其属于轿车的一种,与常规轿车的区别在于更具运动性。

跑车的运动性体现在两个方面:造型与性能。

从图1-105中的兰博基尼盖拉多可以看到:汽车底盘降至更低,在很低的底盘上承载这样扁平的车身可以降低汽车的重心,使汽车被"吸"在地面上,从而获得更好的操控性。为了减小空气阻力,车头、车窗、车顶都设计得比较倾斜,在带来更好的空气动力性的同时,车内空间的大小也可想而知,因此跑车多为单排2座。盖拉多LP560-4采用中置四驱布局,行李厢位于车头,容积很小,这样的造型导致汽车实用性的缺失,但跑车的功能就是追求高速运动,牺牲车内空间在所难免(图1-106)。

盖拉多LP560-4搭载5.2 L的V10自然吸气发动机,最大输出功率为412 kW,最高车速为325 km/h,0～100 km/h加速只需3.7 s,惊人的性能背后是惊人的价格:盖拉多LP560-4在中国的售价为388万元;而全球限产20辆的雷文顿,搭载492 kW V12自然吸气发动机,其售价更是高达1 500万元(图1-107)。

图1-105　兰博基尼　盖拉多[Lamborghini Gallardo (2008)]

跑车的产生与赛车运动有着直接的关联,可以说自从有了汽车,就有了赛车运动。赛车运动的爱好者为了追求更快的速度,运用各种新发明、新技术不断地对赛车进行改造,让赛车的性能不断提升,而这些技术被应用到普通汽车上,也推动了汽车的技术进步。渐渐地,人们不再满足于仅仅在比赛中驾驶赛车,希望在日常生活中也能够拥有如赛车一般的高性能汽车,跑车便是在此背景下产生的。当然,对于这些速度机器有着严格的法规限制,否则它们会成为可怕的"马路杀手"。

图 1-106　兰博基尼　盖拉多行李箱[Lamborghini Gallardo (2003)]

图 1-107　兰博基尼　雷文顿[Lamborghini Reventon (2007)]

跑车大多采用后驱或四驱的驱动形式,发动机的安装位置除中置外,还有一种常见的"前中置"形式。与轿车的不同之处在于发动机安装在前轴之后。这样做既能保持较低的车身高度,又可以降低车头。但由于发动机的位置靠后,导致车鼻较长,驾驶舱后移,驾驶员就像坐在后轴上一样(图 1-108)。

大部分跑车都有敞篷款,分为软顶敞篷(图 1-109)与硬顶敞篷(图 1-110),软顶通常为篷布质地,硬顶则与常规车顶材料相同,二者皆可自动折叠收放。

图 1-108　阿尔法　罗密欧 8C[Alfa Romeo 8C(2007)]

图 1-109　阿斯顿　马丁 DB9(软顶敞篷)[Aston Martin D89(2008)]

图 1-110　法拉利　加利福尼亚(硬顶敞篷)[Ferrari California(2008)]

兰博基尼、法拉利、阿斯顿·马丁、保时捷、布加迪都是专业的跑车品牌,它们的产品更接近于赛车,高性能,高价位,产量小。综合性汽车品牌也生产自己的跑车,其中以轿跑车居多,这类跑车来自轿车的平台,造型比轿车更具有运动性,通常为2门,性能高于同平台的常规轿车(图1-111、图1-112)。

图1-111 宝马3系(硬顶敞篷)
[BMW 3 Series Convertible(2010)](与3系同平台)

图1-112 奥迪A5[Audi A5(2007)(与A4同平台)]

三、越野车与SUV

越野车有着很高的通过性能,是用于特殊路况下的特殊车辆。最为人熟知的越野车当属第二次世界大战中美军使用的吉普(JEEP),在各类描写第二次世界大战的影视作品中,似乎总少不了吉普(图 1-113)的身影,以至于人们把越野车又叫做"吉普车"。事实上,"吉普"是个品牌,但这两个字太耳熟能详,于是变成了一类汽车的代名词。

图 1-113　电影中的吉普车

越野车不属于城市,它的用武之地在山路、泥沼、雪地和沙漠,驾驶它的人自然也在从事特殊的工作,比如筑路、勘探、抢险、救援。普通人中驾驶越野车的大多是越野发烧友,挑战种种复杂、艰难的路况,驾车"吃苦受累"是他们莫大的乐趣。

越野车的驱动方式都是全轮驱动,高高的底盘、短短的前后悬共同造就了很大的接近角与离去角,这是获得高通过性能的基本条件,但是同时也导致汽车的重心较高,速度过快时容易失控,因此越野车的最高车速都不会太高(图 1-114、图 1-115)。

图 1-114　路虎　卫士[Land Rover Defender (2007)]

图 1-115　悍马 H1[Hummer H1 (2004)]

将轿车的舒适性与越野车的通过性相结合,便产生了 SUV。SUV 是英文 Sport Utility Vehicle 的缩写,中文直译为"运动型多用途汽车",是城市化了的越野车。

SUV 的车身类似旅行轿车,但底盘比轿车高许多,奥迪 Q7 的最小离地间隙为 204 mm,而奥迪 A6 的为 142 mm。Q7 3.6 FSI Quattro 搭载 3.6 L V6 自然吸气发动机,最大输出功率 206 kW,最高车速 225 km/h,0～100 km/h 加速耗时 8.5 s(图 1-116)。

图 1-116　奥迪 Q7[Audi Q7 (2009)]

早期的 SUV 底盘大多来自于轻型货车,高速性能不是很好。随着 SUV 的市场越来越大,厂商开始在轿车底盘的基础上开发 SUV 的底盘,一些成熟的轿车四驱系统(如奥迪的 Quattro、梅赛德斯·奔驰的 4Matic、大众汽车的 4Motion)被移植过来,再加上可调节的底盘高度,SUV 的高速性能与越野性能就可以得到很好地兼顾。

由于开发宗旨不同,SUV 的"性格"也不同。比如与 Q7 来自同一平台的大众汽车途锐与保时捷卡宴:途锐通过在达喀尔拉力赛上夺魁,加深了人们对其越野能力的信任;而卡宴出自专业的跑车品牌,因此运动能力出众(图 1-117、图 1-118)。

图 1-117　大众　途锐[Volkswagen Touareg (2010)]

图 1-118　保时捷　卡宴[Porsche Cayenne (2010)]

SUV 具备旅行轿车的实用性,由于坐姿较高、视野开阔,乘坐感受甚至比轿车还好。像奥迪 Q7 这样的大型 SUV,可设置 5~7 座,将座椅放倒,就能形成宽大的载物平台,如图 1-119 所示。

图 1-119　奥迪 Q7[Audi Q7 (2009)]

SUV 最主要的市场是美国,在那里轻型货车——皮卡(Pick Up)深受欢迎,因此很多美国品牌的 SUV 看起来都像是一辆"封了晾台"的皮卡。日本品牌率先进入美国的 SUV 市场,他们入乡随俗,将产品设计得孔武有力,而最早将轿车概念植入 SUV 的车型恰恰也来自美国——吉普切诺基。时至今日,它看上去仍然要"秀气"许多(图 1-120~图 1-123)。

图 1-120　福特 Super Duty (皮卡)[Ford Super Duty (2010)]

对于来自不同级别轿车平台的 SUV,也存在级别的划分,但标准尚不明确,现在通行的说法是分为大型、中型、紧凑型,比如来自 5 系平台的宝马 X5 是大型 SUV;来自 A4 平台的奥迪 Q5 为中型 SUV;同样来自高尔夫平台的大众汽车途观与斯柯达 Yeti 是紧凑型 SUV。中型与紧凑型 SUV 大多为 2 排 5 座,更偏重城市使用。

图 1-121　林肯　领航员[Lincoln Navigator (2007)]

图 1-122　丰田　兰德酷路泽[Toyota Land Cruiser (2009)]

四、MPV

MPV——英文 Multi-Purpose Vehicle 的缩写,意为"多功能厢型车",是由轿车衍生而来,车内空间更大、空间利用更加灵活多变的汽车类型。

MPV 来自轿车的平台,大多采用前置前驱布局。雪铁龙大 C4 毕加索(图 1-124)搭载 2.0 L 4 缸自然吸气发动机,最大输出功率为 103 kW,最高车速 195 km/h,0～100 km/h 加速耗时 12.6 s。

图 1-123 吉普 大切诺基[Jeep Grand Cherokee (2010)]

图 1-124 雪铁龙大 C4 毕加索[Citroen Grand C4 Picasso (2006)]

雪铁龙大 C4 毕加索的轴距为 2 728 mm,与普通的中级轿车相当,但设置了 3 排 7 座,其车内空间明显大于同轴距的轿车,这便是 MPV 与轿车之间最大的不同。MPV 车内的坐姿相对直立,表现在外观上就是车身较高——大 C4 毕加索的高度为 1 680 mm,同时驾驶舱尽量前移,使车鼻较为倾斜,与前风挡相连构成了一个整斜面,因此 MPV 多为单厢式车身,单厢轿车实际上就是小尺寸的 MPV。

在 1978 年的蓝旗亚 Megagamma 概念车(图 1-125)上,乔治亚罗将以上设计概念首度呈现在世人面前,6 年后问世的首款 MPV 雷诺太空(图 1-126)便是遵循了这样的设计原则,并彻底采用了单厢式车身。作为 MPV 的鼻祖,雷诺太空不仅创造了新潮的外观,更在灵活利用车内空间上给出了至今仍在沿用的方案(图 1-127)。

图 1-125　蓝旗亚 Megagamma 概念车[Lancia Megagamma Concept (1978)]

图 1-126　雷诺　太空[Renault Espace (1984)](1)

图 1-127　雷诺　太空[Renault Espace (2006)](2)

中国人最早认识的MPV是"大霸王"——丰田的普瑞维亚（图1-128）。MPV在中国主要是用于公务，很多人习惯将其称作"商务车"。而在欧美，作为家庭用车，MPV的市场较为成熟，大部分品牌都有相应的产品（图1-129、图1-130）。

图1-128 丰田 普瑞维亚[Toyota Previa (1990)]

图1-129 别克GL8[Buick GL8 (2010)]

图1-130 本田 奥德赛[Honda Odyssey (2009)]

五、混型车

混型车——英文名为 Crossover,直译为"交叉",指跨越界限,将不同汽车类型的特点整合为一体,因此又名"跨界车",其最显著的特征就是不完全属于现有的任何一种汽车类型。

宝马 X5 是一辆 SUV,X6 是一辆混型车,这两辆车的区别在哪里?通过图 1-131 和图 1-132 的对比能够清楚地看到:除了车顶不同之外,它们的其他部分几乎是一样的。宝马 X6 有着倾斜下沉的车顶,造就了一个轿跑车与 SUV 结合的车身,这就是混型车的特征:在一辆车上融入不止一个汽车类型的元素,"发明"出一副"四不像"或者说"四都像"的模样。X6 的目标客户是既喜欢 SUV 又喜欢跑车的人,或者说嫌 SUV 过于"板正"但又不舍 SUV 的人,这折射出汽车消费心理的复杂性。厂商在摸透了这种心理后"对症下药",于是便出现了此类看起来有些前卫的产品。

图 1-131　宝马 X5[BMW X5(2014)]

图 1-132　宝马 X6[BMW X6(2008)]

图 1-133 中的帕萨特是一辆旅行轿车,而图 1-134 中的帕萨特被称为"掀背式轿车"(Sportback),车顶与车尾之间使用一个斜面连接,既没有三厢轿车的行李厢盖,也没有旅行轿车的长车顶,至于行李厢的容积,很容易"推算"出来——比三厢轿车大些,又比旅行轿车小些,因此人们曾称之为"两厢半"。同时,行李厢盖变成了一个倾斜的向上掀起的大尾门,"掀背"之名由此而来。掀背式车身大多出现在轿跑车上,显然,这样的造型运动感更强,使轿车看起来更像跑车(图 1-135)。

图 1-133　大众　帕萨特旅行款[Volkswagen Passat Variant (1980)]

图 1-134　大众　帕萨特[Volkswagen Passat (1980)]

早年没有"混型车"的说法,否则掀背式轿车应该算作开路先锋。如今,掀背款已成为轿车平台上的重要衍生车型(图 1-136)。

混型车的另一个特征就是无法将其完全归入现有的某种汽车类型,因为无法找到一个准确的名称,就笼统地先叫做"混型车"。尽管厂商自己会给产品命名,如宝马称 X6 为"SAC"——Sport Activity Coupe(运动休闲轿跑车),但由于同类产品数量较少,缺乏影响力,

图 1-135　奥迪 100 Coupe S[Audi 100 Coupe S (1969)]

图 1-136　奥迪 A7 Sportback[Audi A7 Sportback (2010)]

加之厂商各自为政,致使名称难以统一。随着这些"待安置对象"的同类越来越多,在市场上开辟出一块专属于它们的空间,自然会"转正",确定一个新的名称,成为一个新的汽车类型,就像现在的 SUV 与 MPV。

六、货车

货车——用于货物运载的汽车类型。

由于英文单词"Truck"被音译为"卡车",这也成了中国人对货车的习惯称谓。按照满载总质量从低到高排列,货车分为微型货车(总质量≤1.8 t)、轻型货车(1.8 t<总质量≤6 t)、中型货车(6 t<总质量≤14 t)和重型货车(总质量>14 t)。

根据发动机位置的不同,货车又可分为长头式与平头式。长头式货车的发动机位于驾驶舱之前,平头式货车的发动机位于驾驶舱之下。欧洲对汽车长度的限制较为严格,因此中型与重型货车普遍为平头式,美国则长头式货车居多(图1-137、图1-138)。

图1-137　沃尔沃(Volvo)平头式货车

图1-138　马克(Mack)长头式货车

长途货车是物流行业的重要运输工具,常常披星戴月、日夜兼程,因此驾驶舱的设计细致而周到,生活设施齐全,就像一间移动的小套房,让司机可以更好地休息(图1-139)。

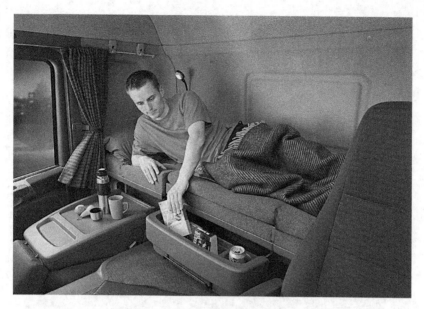

图 1-139 斯堪尼亚(Scania)长途货车

七、客车

客车——用于人员运载,主要是 9 座以上的汽车类型。

按照载客人数从多到少排列,客车分为大型客车(载客人数≥20 人)、中型客车(9 人＜载客人数≤20 人)、小型客车(载客人数≤9 人)。照此标准,轿车、MPV 等也属于小型客车,而在微型货车底盘上发展而来的微型客车也在小型客车之列。

中国人习惯将丰田 Hiace 这样的平头小型客车称为"面包车"(图 1-140),而微型客车也被称为"微面"。早期的"面包车"普遍将前排座椅安排在发动机上方,缺乏安全性。如今小型客车大多将前排座椅放在发动机之后,采用前置前驱布局。微型客车的布局形式则前置前驱、前置后驱、中置后驱都有,铃木浪迪还提供中置四驱款(图 1-141)。因为英文"Bus"的缘故,人们又把中型、大型客车称作"中巴"、"大巴"。很多中型客车与厢式货车就像一对孪生兄弟,车厢上有车窗就是客车(图 1-142),没有车窗就变成了货车(图 1-143)。大型客车大都采用后置后驱布局,按用途分为长途客车与公共汽车(图 1-144、图 1-145)。

图 1-140 丰田 Hiace (Toyota Hiace)小型客车

图 1-141　铃木　浪迪(Suzuki Landy)微型客车

图 1-142　福特　全顺（Ford Transit)中型客车

图 1-143　福特　全顺（Ford Transit)厢式货车

单元一 汽车类别概述

图 1-144　斯堪尼亚(Scania)双层长途客车

图 1-145　沃尔沃(Volvo)双层公共汽车

八、专用车

专用车——用于特殊用途的汽车类型,如消防车、工程车等(图 1-146～图 1-149)。

图 1-146　沃尔沃(Volvo)工程自卸车

图 1-147　斯堪尼亚(Scania)工程搅拌车

图 1-148　斯堪尼亚(Scania)消防车

由于载重量较大,专用车通常有 2 根以上的后轴,而 2 根前轴的设计也很常见,承重的同时共同转向。常用于恶劣路况的扫雪车、工程自卸车普遍为全轮驱动,工程自卸车的车厢能自动升起倾倒土石方(俗称"起斗"),因而又被称为"翻斗车"。

九、原型车与概念车

原型车——汽车厂商在新车型生产与销售之前试制的样品车。

汽车新产品从设计到投产,要经历一个复杂而漫长的研发过程,在此过程中需要试制原型

图 1-149　斯堪尼亚(Scania)扫雪车

车,对设计对象进行各种测试与评估,发现问题并确定改进方案后,再进行新一轮的试制。如此反复若干轮,待所有问题解决之后,新产品才能定型投产。

原型车的测试项目主要有风洞试验、碰撞试验、道路测试等。由于新产品的信息处于保密状态,所以道路测试中的车辆要进行伪装,其照片也被称为"谍照"(图 1-150～图 1-153)。

图 1-150　风洞试验

概念车——汽车厂商为了展示其设计观念及技术实力而制作的展示用车。

汽车设计非常复杂,如果想要向公众说明自己的设计意图,仅凭图纸、模型是说不清的,这就需要制作概念车,直观地展示设计概念、材料运用、技术成果。早年的概念车充满了未来色

图 1-151　碰撞试验

图 1-152　道路测试(1)

卵石路　　　　　　　　　　　长波路

图 1-153 道路测试(2)

彩,就像设计师对汽车发展方向的预言。当然,这些预言未必全都"灵验",有些会在后来的量产车中得到印证,有些则是昙花一现(图 1-154～图 1-157)。

图 1-154 别克 Y-Job[Buick Y-Job (1938)]

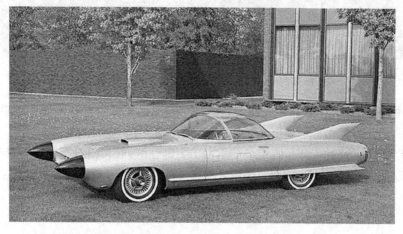

图 1-155 凯迪拉克 Cyclone[Cadillac Cyclone (1959)]

图 1-156 阿尔法·罗密欧 Carabo[Alfa Romeo Carabo (1968)]

图 1-157 法拉利 Modulo[Ferrari Modulo (1970)]

20 世纪中后期,随着一款款概念车的登台、谢幕,汽车外形的所有可能性似乎都被探索与尝试了一遍。今天的概念车不再那么"科幻",它更多地起到"投石问路"的作用。公众对概念车的反馈可以帮助厂商对新产品的市场前景做出更理性的判断,而对于笃定要投产的新车型,其概念车可以预热市场,就像电影的"预告片"(图 1-158、图 1-159)一样。

图 1-158 宝马 X1 概念车[BMWX1 Concept (2010)]

图 1-159 标致 RC HYmotion4 概念车
[PeugeotRC HYmotion4 Concept (2008)]

思考： 纵观汽车百年历史，未来汽车将会向什么方向发展？

单元二 汽车名人

一批汽车名人发明和发展了世界汽车,汽车工业发展离不开汽车界前辈们的付出和汗水。
从1886年到现在,汽车走过了130年的历程。在这期间,有指责,有赞美,有曲折,有辉煌,更有许多汽车名人各显风骚,他们不屈不挠、勇于创新,甚至为汽车事业奉献了一生,正是他们创造了一个神奇的汽车世界。

课题一 国外汽车名人

学习目标	鉴定标准	教学建议
(1) 掌握卡尔·本茨对汽车事业的贡献 (2) 掌握戈特利布·戴姆勒对汽车事业的贡献 (3) 了解费迪南德·波尔舍对汽车事业的贡献 (4) 掌握亨利·福特对汽车事业的贡献 (5) 掌握威廉·杜兰特对汽车事业的贡献 (6) 了解丰田喜一郎对汽车事业的贡献	应知: (1) 本茨被誉为"现代汽车之父"。本茨开了奔驰汽车公司和戴姆勒汽车公司联合的先河 (2) 戴姆勒也被誉为"汽车之父",同时,他也被誉为"摩托车之父",还是三叉星商标的设计者 (3) 波尔舍成功地设计了甲壳虫车型,促进了汽车的大众化 (4) 福特是福特汽车公司的创始人,开创了流水线生产的先河 (5) 杜兰特是通用汽车公司的创始人	教具: (1) 汽车名人的图片 (2) 经典名车的图片 建议: 本课题内容应和单元一及单元四的内容相衔接

一、卡尔·本茨

卡尔·本茨(1844—1929,图2-1)被誉为"现代汽车之父"。他勇于向马车、蒸汽汽车挑战。以内燃机的采用实现了车辆的自动化,从此使人类社会步入了现代汽车时代。本茨还开了奔驰汽车公司和戴姆勒汽车公司联合的先河。

1883年,本茨在德国曼海姆成立了本茨公司,于1885年创造出第一辆三轮汽车。然而起初买这种车的顾客不多,本茨的同事也颇有意见。但在妻子贝尔塔的鼓励下,他继续对汽车改进,并装了功率加大的发动机,于1893年开始了系列生产,相继推出维多利亚、维洛、舒适等新车型。

图2-1 卡尔·本茨

1901年,戴姆勒汽车公司梅赛德斯轿车的出现,对奔驰轿车来说是很大的挑战。1924年,奔驰与戴姆勒这两家创建最早、名声颇大的汽车公司开始接触,协调设计和生产,并且将产品广告登在一起。两年后,即1926年,两家公司正式合并,组成戴姆勒—奔驰汽车公司,生产出著名的梅赛德斯·奔驰轿车。

二、戈特利布·戴姆勒

戈特利布·戴姆勒(1834—1900,图2-2)发明了高速内燃机、摩托车和四轮内燃机汽车。他既是"汽车之父",又是"摩托车之父",他还是三叉星商标的最早设计者。

图2-2 戈特利布·戴姆勒

经过反复试验,戴姆勒于1883年8月发明了第一台卧式汽油机(图2-3)。在威廉·迈巴赫的帮助下于1884年5月又推出了立式汽油机,并于1885年4月取得德国专利。1885年,戴姆勒将立式汽油机安装在一辆车子上,这就是世界上第一辆摩托车(图2-4)。

图2-3 戴姆勒制造的第一台卧式汽油机

图 2-4　戴姆勒制造的世界上第一辆摩托车

1901年,耶利内克和戴姆勒汽车公司达成协议,他取得在法国、比利时、奥匈帝国和美国独家销售戴姆勒汽车的权利,并用梅赛德斯为他订购的汽车命名(图2-5)。从此,梅赛德斯成了戴姆勒轿车的车名。奔驰汽车公司和戴姆勒汽车公司合并后,生产的轿车定名梅赛德斯·奔驰。

梅赛德斯在法语中有幸福的意思,为汽车带来美好的名字和前程。

图 2-5　1901年的梅赛德斯轿车

百年沧桑,世纪变迁,在戴姆勒·奔驰汽车总部大厦顶上的"三叉星"依旧星光明亮,"三叉星"伴随着梅赛德斯·奔驰轿车在世界各地闪闪发光。

三、费迪南德·波尔舍

费迪南德·波尔舍(1875—1951,图 2-6)是德国大众汽车公司和波尔舍汽车公司的创始人。他成功地设计了甲壳虫型汽车,促进了汽车的大众化;他所设计的赛车体现了高超的汽车设计水平。波尔舍被誉为"汽车设计大师"。1999 年年底,波尔舍获得了世界著名的《财富》杂志评选的"20 世纪最佳汽车工程师"的殊荣。

1939 年,波尔舍的甲壳虫型汽车投产,累计生产 2 000 多万辆,实现了为大众制造汽车的理想。

小故事

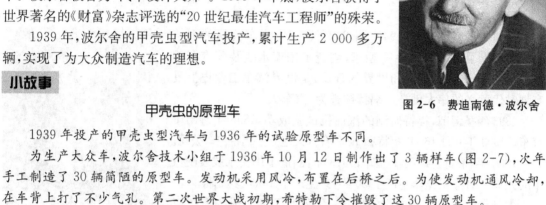

图 2-6 费迪南德·波尔舍

甲壳虫的原型车

1939 年投产的甲壳虫型汽车与 1936 年的试验原型车不同。

为生产大众车,波尔舍技术小组于 1936 年 10 月 12 日制作出了 3 辆样车(图 2-7),次年手工制造了 30 辆简陋的原型车。发动机采用风冷,布置在后桥之后。为使发动机通风冷却,在车背上打了不少气孔。第二次世界大战初期,希特勒下令摧毁了这 30 辆原型车。

图 2-7 1936 年试验型甲壳虫汽车

银箭(图 2-8)是波尔舍为汽车联盟赛车队设计的赛车。1934 年该车参加德国汽车大赛,一举打败群雄夺下冠军。紧接着在瑞士的汽车大赛中又夺王座。1937 年远渡重洋,参加美国

图 2-8 1934 年波尔舍设计的银箭赛车

万德比特大赛再次夺冠。波尔舍的这一杰作,被誉为永垂汽车史册的英雄赛车。1948年,费迪南德·波尔舍与其后代费利·波尔舍设计的356跑车在瑞士车展上亮相,向世人展示了波尔舍跑车的实力。

2 000多万辆的甲壳虫型汽车,上百万辆波尔舍赛车及其大量的汽车爱好者俱乐部,所有这一切都是对一代汽车设计大师的纪念,波尔舍的名字永垂青史。

四、亨利·福特

亨利·福特(1863—1947,图2-9)是福特汽车公司的创始人。他推出了经济的福特T型车,创造了用流水线装配汽车的方式,导致了汽车在美国和世界的普及,是世界汽车工业史上具有划时代意义的伟大创举。福特被誉为"汽车大王"。

1893年圣诞节,福特研制的汽油机试验成功,1896年造出了汽车。1903年6月16日,福特和11名合伙人建立了福特汽车公司。

1908年,福特生产出T型车;1913年,创造了用流水线装配汽车的方式。福特T型车生产了20年,共生产了1 500多万辆。

大批量流水线生产方式的成功,不仅使T型车成为有史以来最普通的车种,而且,如同福特所说:"在工业生产史上,它告诉人们新的时代已经来临。"至此,福特汽车公司发展成为世界上最大的汽车公司。

图2-9 亨利·福特

《福特传》的作者写道:"T型车不仅是一辆车子,更是一种召唤,他将汽车工业带入有希望、有前途、高效率、有实用价值的领域。"高节拍大批量的流水线生产的T型车的出现,使汽车由少数富人家的奢侈品成为大众的消费品;同时,也为汽车产品市场的拓展提供了可能。从那时开始,汽车工业才有条件发展为具有广泛的用户群体和宏大的产业规模的世界性成熟产业,成为一些国家的支柱产业,为人类现代化文明做出了突出贡献。

福特晚年时已不能跟上汽车时代的前进步伐,没能适应消费者需求的变化及时推出新车型。在用人上,排斥他的儿子——主张改革的埃塞尔·福特。1927年,福特汽车公司世界第一的位置被通用汽车公司占据,1936年,还一度被克莱斯勒汽车公司超过。1943年,福特的儿子埃塞尔·福特病故,围绕公司继承权的问题,公司和福特家族发生了一场激烈的斗争。1945年,福特在感到自己已无法控制局势之后,辞去了公司总经理的职务,将福特汽车公司交给长孙亨利·福特二世。1947年4月7日,福特因脑溢血死于底特律市。

1947年4月,《纽约时报》对福特这样评价:"当他来到人世时,这个世界还是马车时代;当他离开人间时,这个世界已经成了汽车的世界。"形象地概括了福特与这个世界的联系。

五、威廉·杜兰特

威廉·杜兰特(1861—1947,图2-10)是名震全球的通用汽车公司的创始人,经过两次为通用汽车公司创业,给后人留下了一家大汽车公司的雏形。

图2-10 威廉·杜兰特

1886年,杜兰特在底特律市附近的弗林特开设了马车厂,该厂很快成为全美最大的马车制造厂。

1904年,别克汽车公司经济陷入困境,杜兰特预感到这是一个使他涉足汽车制造业的天赐良机,果断地买下了别克汽车公司,他被选为别克汽车公司的董事长。别克汽车公司是杜兰特在世界汽车工业成名的起点。

1908年,杜兰特以别克汽车公司为核心创建了通用汽车公司。两年后,通用汽车公司出现了严重的资金困难。董事会接受了通用汽车公司举债的请求,也提出杜兰特必须辞职的要求,于是他被迫离开了通用汽车公司。这时,妻子、女儿、社会地位……似乎一切都离他而去。

但杜兰特并没有气馁,1911年11月3日,他和路易斯·雪佛兰创建了雪佛兰汽车公司,获得了巨额利润。另外,由于美国化工大王皮埃尔·杜邦财力的支持,1916年,杜兰特秘密买下了通用汽车公司的大部分股权,重新控制了通用汽车公司。1916年6月,杜兰特再次出任通用汽车公司的总经理。

在重新获得了通用汽车公司领导权后,杜兰特完全凭个人力量经营公司,由于他只热衷于公司规模的扩大,忽视公司的管理和生产的提高,分公司各自为政,产品重复……杜兰特的一系列失误,导致1920年通用汽车公司再次出现严重危机,杜兰特又被迫离开了通用汽车公司,并彻底离开了汽车界。后来,杜兰特在默默无闻中度过了晚年。

杜兰特创建了通用,通用也险些毁于他的手中。杜兰特的失败,表明了管理是现代企业的生命。

六、阿尔弗莱德·斯隆

图2-11 阿尔弗莱德·斯隆

阿尔弗莱德·斯隆(1875—1966,图2-11)在通用汽车公司处于困境时,励精图治,为公司构筑起一套完整的组织机构和管理制度,挽救、发展了通用汽车公司。斯隆有"世界上最伟大的董事长"之称。

1923年5月,面对通用汽车公司的内忧外患,董事长杜邦将自杜兰特离职以后自己兼任的公司总经理大权交给了斯隆。后来的实践证明,这是通用汽车公司发展历程中的英明决策。

斯隆任职期间,针对通用汽车公司的情况提出了"分散经营和集中协调相结合"的管理方式。根据市场的变化,他又提出了"分期付款,旧车折旧,年年换代,密封车身"四项原则。也是斯隆最先指出了汽车不再仅仅是一种普通的交通工具,还将是人们对魅力、式样和舒适的追求。因此,汽车厂家必须重视汽车的各个方面,使自己的产品满足消费者个性的需求。

在斯隆的卓越领导下,通用汽车公司迅速超过竞争对手,在1927年跃升为美国和世界最大的汽车公司,直至今日。

七、沃尔特·克莱斯勒

沃尔特·克莱斯勒(1875—1940,图2-12)是克莱斯勒汽车公司的创始人,他创建和发展了美国第三大汽车公司。

图2-12 沃尔特·克莱斯勒

1920年，克莱斯勒离开通用汽车公司，受聘于即将倒闭的马克斯威尔汽车公司。于1924年推出克莱斯勒6号车型，打开了新局面，并借机改组接收了马克斯威尔汽车公司。1925年6月6日，在马克斯威尔汽车公司的基础上成立了克莱斯勒汽车公司，比福特汽车公司晚了22年，比通用汽车公司晚了17年，此时克莱斯勒已50岁。

克莱斯勒汽车公司成立时，其排名在美国为第27位。但相继推出的克莱斯勒4号和亨利5号两种新车为克莱斯勒汽车公司的发展做出了贡献。至1926年底，汽车产量在美国排名跃至第五位，1927年又上升到第四位。1928年，克莱斯勒汽车公司买下了道奇汽车公司和顺风汽车公司。1929年，克莱斯勒汽车公司产量上升到美国的第三位，跃升为美国第三大汽车公司。

八、安德烈·雪铁龙

安德烈·雪铁龙(1878—1935，图2-13)是雪铁龙汽车公司的创始人，是发动机前置前驱动的发明者，他十分重视汽车生产和销售的管理。

1912年，雪铁龙在巴黎建立了以自己名字命名的雪铁龙齿轮工厂。他以人字齿轮的轮齿形状为象征，设计了工厂标志，并以此作为汽车的商标。直到今天，人们只要看到这个标志，就会立刻联想到雪铁龙汽车公司。

1914年第一次世界大战爆发后，36岁的雪铁龙应征入伍。在前线，法军出现炮弹短缺的局面。雪铁龙主动提出建造一座军火工厂的建议，很快得到了批准。

图2-13　安德烈·雪铁龙

第一次世界大战刚刚结束，雪铁龙便将军火工厂中获得的许多经营管理经验运用到汽车制造业上。他首先收回了大战前自己创办的齿轮厂，在此基础上建立一家大型汽车制造厂。他聘请了一位汽车高级工程师，设计了一种十分适合战后经济恢复时期使用的A型汽车。1919年5月28日，A型汽车诞生了，成为当时法国乃至欧洲的汽车明星。这是雪铁龙汽车公司创建后的第一批汽车。

雪铁龙认为：汽车厂卖的不只是汽车，还有无微不至的服务。他逐步完善了汽车销售方式，创立一年保证期制度，建立分销网，列出汽车零件目录和维修费用一览表，使所有销售处、维修点的费用得以统一。

为了促进汽车销售，雪铁龙发动了强大的广告攻势。

第一次世界大战结束后，法国所有公路的交通标志都已损坏。不断创新的雪铁龙决定以公司的名义向法国提供各式路标并设在全法国的公路上，不仅帮助政府解决了交通管理的难题，这些路标还成了雪铁龙汽车公司的宣传广告。

1922年，在第七届法国巴黎汽车展开幕式上，一架飞机在展览会上空拖出一条长达5 km的烟雾字样"CITROEN"(雪铁龙)，如此空前壮观的营销宣传活动，实在令人惊叹。

此外，雪铁龙汽车公司还在埃菲尔铁塔上挂起了高达30 m的巨型灯箱广告——"CITROEN"。在夜晚的巴黎，"CITROEN"大字显得格外明亮醒目。此举后来被视为世界广告宣传史上的成功典范。

1934年推出的雪铁龙7CV轿车采用发动机前置前驱动的布置形式,现在已风靡全球。

1929年世界经济大萧条开始,雪铁龙汽车公司却继续扩大生产,结果于1934年,雪铁龙汽车公司宣告破产,被米西林公司接管。

雪铁龙本人因患忧郁症住进医院,1935年7月3日去世。在他死后的两天时间里,数不清的工人、经销商、顾客涌进雪铁龙汽车公司向他致哀,法国政府也给他颁发了一枚二级荣誉勋章。今天的雪铁龙汽车公司仍然名震全球,雪铁龙的发动机前置前驱动的设计方案历时70多年仍在沿用,这就是对雪铁龙的最高评价。

九、丰田喜一郎

图2-14 丰田喜一郎

丰田喜一郎(1894—1952,图2-14)是丰田汽车公司的创始人,是日本"国产汽车之父",是"丰田生产方式"的奠基人。

丰田这个世界著名的品牌,在全球已是家喻户晓。丰田汽车公司这个在日本偏僻小镇崛起的汽车工业巨人,在世界汽车工业大决战的舞台上可谓佼佼者。而这一切都说明了丰田喜一郎对汽车事业的重大贡献。

丰田喜一郎的父亲丰田佐吉是日本有名的"纺织大王"。丰田佐吉为了发展自己的工厂,将丰田喜一郎送到日本东京帝国大学(即现在的东京大学)机械工程学科读书,毕业后让他到自己的自动织布机械厂工作。

1929年秋天,丰田喜一郎代表自动织布机械厂到英国签订一项合同。在伦敦的街头,他目不转睛地注视着一辆辆疾驶往来的汽车,脑海里浮想联翩。他认识到汽车这一新兴行业具有广阔的前景,决定将其作为自己毕生的事业。

1930年,丰田佐吉去世前将丰田喜一郎叫到面前,说:我搞织布机,你搞汽车,你要和我一样通过发明创造为国家效力。

丰田佐吉去世后,工厂总裁的职务由丰田喜一郎的妹夫丰田利三郎担任。1933年,在丰田喜一郎的一再要求下,丰田利三郎勉强同意成立汽车部。1933年9月,丰田喜一郎着手试制汽车发动机,拉开了汽车生产的序幕。1935年8月,制造成功了第一辆丰田牌汽车。1937年8月28日,丰田喜一郎创建了丰田汽车工业公司。

丰田喜一郎的指导思想是:贫穷的日本需要便宜的汽车,生产廉价的汽车是公司的责任。后来丰田汽车公司确立了"用低成本、大批量的生产方式生产高质量的汽车,进而加入世界第一流汽车工业行列"的方针。

丰田喜一郎颇有战略眼光,他自公司建立开始就注意到从基础工业入手,着眼于整体素质的提高,使材料工业、机械制造业、汽车零部件和汽车工业同步发展,为汽车大批量生产创造条件。

丰田喜一郎对汽车工业的另一项贡献就是对生产过程的科学管理。他主张弹性生产方式,"工人每天只做到必要的工作量","恰好赶上",减少零部件库存,开始了"丰田生产方式"。

丰田喜一郎创建丰田汽车公司的过程十分艰难。他的妹夫丰田利三郎曾坚决反对搞汽车,后又遭受因国内经济危机引发的工人罢工的厄运。为了挽救丰田汽车公司,丰田喜一郎一度辞职,由石田退三担任公司经理。当他再次出任经理不到半个月,1952年3月27日,丰田喜一郎患脑溢血去世。

丰田喜一郎的去世的确使人感到遗憾,他留下一个生产轿车的未完之梦。但他创建的丰田汽车公司如今已发展为世界汽车工业的巨人,丰田创始人丰田喜一郎名垂史册。

十、恩佐·法拉利

恩佐·法拉利(1898—1988,图 2-15)是著名的赛车手,是法拉利汽车公司的创始人,神奇的法拉利赛车名闻世界,他被誉为"赛车之父"、"20 世纪汽车英才"。

法拉利出生于意大利北部的莫的那。10 岁时,父亲带他观看了一场汽车比赛,从此点燃了他对赛车运动的渴望激情。13 岁时,法拉利开始独自驾驶汽车,从此,他与汽车结下了不解之缘。

第一次世界大战时法拉利被征入伍。战后退伍的法拉利于 1920 年应聘到阿尔法·罗米欧汽车公司工作,从此开始了汽车的人生旅途。1929 年,法拉利在莫的那创立了法拉利赛车俱乐部,掌握阿尔法·罗米欧的赛车活动,维护赛车,并且在一系列汽车比赛中取得了辉煌的战绩。法拉利赛车俱乐部是法拉利车队的前身。

图 2-15 恩佐·法拉利

1938 年,法拉利离开了阿尔法·罗米欧汽车公司。

1947 年 5 月 11 日,法拉利设计制造的第一辆赛车问世,在 1950 年世界首次举行的 Fl 汽车大赛中脱颖而出。法拉利 Fl 赛车自 1952 年首次荣获 F1 汽车锦标赛获胜赛车到 2004 年已 14 次获胜。法拉利赛车以性能好、质量高、速度快等优势,在赛车场上掀起了一股红色法拉利旋风,使其超越了机械工艺的范畴,成为超越时空的神车,让世人在赛场内外都感受到运动与神奇的心理震撼。

1988 年,90 岁的恩佐·法拉利与世长辞,这位汽车巨星留给后人的是那不朽的事业和超群的法拉利赛车。

课题二　国内汽车名人

学习目标	鉴定标准	教学建议
(1)掌握饶斌对汽车事业的贡献 (2)掌握孟少农对汽车事业的贡献 (3)掌握潘承孝对汽车事业的贡献	应知: (1)饶斌是"中国汽车工业的奠基人",被誉为"中国汽车之父" (2)孟少农创办了我国第一个汽车专业,创办了长春汽车工业学校 (3)潘承孝是最早讲授汽车、内燃机课程的教授之一,与黄叔培一起有"南黄北潘"之称	教具: (1)汽车名人的图片 (2)经典名车的图片 建议: 本课题内容应和单元一及单元四的内容相衔接

一、饶斌

饶斌(1913—1987,图 2-16)是"中国汽车工业的奠基人",也被誉为"中国汽车之父",他为中国汽车工业的发展做出了卓越贡献。

图 2-16　饶斌

1952 年 12 月,饶斌被任命为中国第一汽车制造厂厂长。他率领广大职工,战酷暑,斗严寒,只用了 3 年时间建成了中国汽车的摇篮——中国第一汽车制造厂,从而结束了中国不能制造汽车的历史。

1965 年 12 月,中国汽车工业公司决定成立第二汽车制造厂筹备处,饶斌为 5 人领导小组负责人。在饶斌的主持下,制定了《二汽建厂十四条》,确定了"聚宝"、"包建"的建厂方针。在困难重重的条件下,终于建成了第二汽车制造厂。

1977 年后,饶斌调到北京,曾任第一机械工业部副部长兼汽车工业管理局局长、第一机械工业部部长兼汽车总局局长、中国汽车工业公司董事长、中顾委委员等。

针对国民经济调整出现的对汽车"限产、封车,以推进节约能源"的问题,饶斌在亲自起草给中央的报告中指出:"世界无论是产油国家还是进口油国家都在大力发展汽车运输,这是由经济发展规律所决定的。为此,建议国家大力发展公路建设,采取增加铺设沥青路面和取消限制生产汽车的做法。"

1987 年夏天,饶斌到上海,视察为上海桑塔纳轿车配套的几家零部件厂,他还提出了上海发展轿车工业的建议。

饶斌在第一汽车制造厂参加解放载货汽车出车三十年纪念大会上曾激动地说:我老了,无法投入中国汽车工业的第三次创业。但是,我愿意躺在地上,化作一座桥,让大家踩着我的身躯走过,齐心协力将轿车工业搞上去……

二、郭力

郭力(1916—1976,图 2-17),是我国汽车工业的创业者,在我国汽车工业史上做出了巨大贡献。

郭力于 1916 年出生于河北省河间县高家庄一户书香人家,1932 年考入哈尔滨高等工业专科学校读书,曾担任重工业部汽车工业筹备组主任和一汽厂长。20 世纪 60 年代初负责筹建第一代的中国汽车工业公司,并担任经理,后又担任机械工业部副部长。

1950 年 2 月,国家重工业部设立汽车工业筹备组,任命郭力为筹备组主任。筹备组在郭力的领导下,以筹建第一汽车制造厂建设为主线,为建设汽车工业做了大量卓有成效的筹办工作。1952 年 4 月,重工业部任命他为第一汽车制造厂(代号 652 厂)厂长。

图 2-17　郭力

郭力到长春上任后,深知在一片荒野上建设一座现代化汽车厂的担子有多重,特别需要地方政府的支援,调一位熟悉东北情况的干部当厂长,自己做副手,能加快工程进展。于是他亲赴沈阳和北京,向东北局和党中央汇报,中央同意了他的请求。1952年12月,任命饶斌为第一汽车制造厂厂长,郭力改任为第一副厂长兼总工程师。当时,"郭力让贤"成为佳话。

1959年末,郭力重新走上厂长岗位。面对被"大跃进"打乱的生产秩序和严峻形势,他做出了一系列后来均被实践证明是极其正确的重要决策,其中包括将工作的重点和主要力量有计划、有重点的转向企业整顿,使一汽一度由停产到恢复生产,逐步走上正轨。

1964年8月,郭力赴北京,在原汽车局的基础上筹建中国汽车工业公司。借鉴国外经验,根据中国国情,主持起草了《汽车托拉斯的组建报告》。1965年1月,郭力被正式任命为一机部副部长兼中国汽车工业公司经理。其后,在试点的基础上,北京、南京等地相继成立了汽车分公司,至此,我国汽车工业沿着中央确定的方针,在进行管理体制的革命中有了一个良好开端。

1976年2月,郭力因在"文化大革命"中遭受迫害病故,享年60岁。

三、孟少农

孟少农(1915—1988,图2-18),是中国汽车工业的创始人,汽车技术领域的奠基人。

图2-18 孟少农

孟少农,原名孟庆基,参加革命后改名为孟少农。1935年,孟少农考入清华大学,1937年卢沟桥事变后转入长沙临时大学,1940年西南联合大学招考一批留美公费生,孟少农以出色的成绩被录取。1941年他赴美留学,进入著名的麻省理工学院机械系,1943年获麻省理工学院汽车专业硕士学位。1946年回国后,任清华大学机械系教授,并创办了我国第一个汽车专业。中华人民共和国成立后,孟少农任第一汽车制造厂总工程师、副厂长。在一汽期间,他创办了长春汽车工业学校,后来又创办了我国唯一一所汽车、拖拉机学院(后改为吉林工业大学),并选派一批技术骨干去任教。1971年5月,孟少农调到陕西汽车制造厂主管技术工作。他针对陕西汽车制造厂的产品发展问题,大胆改革设计,使延安牌250型军用越野车于1973年通过国家定型,成为国家最好的车型之一。

1978年,孟少农由陕汽转战到二汽,主持对东风牌5t载重车的质量问题攻关。在二汽期间,主持创建了湖北汽车工业学院。

原中共中央政治局常委李岚清这样评价孟少农:"在中国汽车工业界,孟少农是杰出的代表人物,他把自己的汽车知识和毕生精力,无私贡献给了我国汽车工业,从不计较名誉地位,直到晚年才获得湖北省特级劳动模范、全国五一劳动奖章光荣称号。但在人们心目中,由抗日学生、进步青年、红色教授、工程师,到汽车工业的巨星、名家、创始人、拓荒者、军师、泰斗……他的各种美名不计其数,而统称他为同志或老师,我觉得是合适的。"

特别令人敬佩的是,他年届古稀时,仍思考为我国汽车工业培养人才。孟少农晚年是在口授笔耕、培育后人中度过的。虽然他的健康状况一直欠佳,经常住院治疗,然而在他最后三年中,从未因病停止过给湖北汽车工业学院学生讲课,他常常挂完吊瓶就去教室上课。

为缅怀这位我国著名的汽车专家,二汽遵照国家科委提议,为孟少农塑造半身铜像 2 座,一座安放于湖北汽车工业学院,一座安放于武汉工学院即今天的武汉理工大学。

1988 年 1 月 15 日,孟少农逝世于北京,享年 73 岁。

四、陈祖涛

图 2-19　陈祖涛

陈祖涛(1928 年出生,图 2-19),中国汽车工业杰出的奠基者。1951 年毕业于苏联鲍曼工学院;1953 年 9 月任第一汽车制造厂驻苏代表;1955 年回国,参与一汽筹建工作,一汽从选址、设计、基建、安装、调试到投产的全过程,陈祖涛是参加者;担任一汽生产准备处副处长、工艺处副处长、处长;后任长春一汽设计处处长兼总工程师。20 世纪 60 年代参与设计和建设"红旗"轿车、军用越野车两个生产基地;参加了北汽、南汽、济汽、沈汽、北内、长拖等大型项目的规划设计等工作。

1964 年成为二汽筹备 5 人小组成员,负责二汽选址和工厂设计,先后担任二汽总工程师、技术副厂长。

1981 年起参加筹建中国汽车工业总公司,历任总工程师、副总经理、总经理,中国汽车工业联合会理事长。曾当选全国政协委员,现任国家科委专职委员。

陈祖涛的人生经历大多是同新中国汽车工业的发展紧密联系在一起的,他无愧为中国汽车工业的元勋,与共和国汽车工业命运同行的人。

五、潘承孝

潘承孝(1897—2003,图 2-20),汽车和内燃机专家,中国内燃机和汽车工程教育的奠基人之一。他主张理工结合,强调基础理论的教育和实践能力的培养,走教学、科研、生产三结合的道路,为祖国的汽车理论教育事业做出了重大贡献。

1915 年,潘承孝考入唐山工业专门学校(即唐山交通大学,今西南交通大学)。1921 年以机械系第一名的优异成绩毕业,被交通部保送官费留学美国。

在 20 世纪 20 年代,当汽车、内燃机还是一门新学科时,潘承孝就远涉重洋到美国学习这门学科。回国后,在 20 世纪 30 年代,我国工科大学开设这两门课程还屈指可数,潘承孝是最早讲授这两门课程的教授之一。

图 2-20　潘承孝

当时有"南黄北潘"之称。"南黄",即上海有交通大学黄叔培教授讲授这两门课程;"北潘",即在北方则有潘承孝。当时我国尚无自己的汽车工业,但无疑他已为祖国的汽车工业播下了人才的种子。潘承孝从事工程教育 60 多年,有丰富的办学经验,为发展祖国汽车工业培养出大量人才,付出了毕生心血。

2003 年 12 月 22 日,潘承孝在天津逝世,享年 106 岁。

六、郭孔辉

郭孔辉(1935年出生,图2-21),福建福州人,我国著名的汽车专家,中国工程院院士。曾任吉林大学汽车工程学院院长、教授、博士生导师,中国汽车工程学会副理事长、中国汽车工业协会副理事长等。

郭孔辉是我国汽车行业著名专家,在国内外同行中享有很高的声望,在汽车系统动力学及其相关领域造诣精深。在轮胎力学、汽车动力学以及人-车闭环操纵动力学等方面的研究成果均达到世界先进水平。

图2-21 郭孔辉

郭孔辉是我国最早把近代系统力学与随机振动理论引入汽车科学研究的学者,也是我国汽车操纵稳定性、平顺性、制动与驱动稳定性以及轮胎力学等学术领域的主要开拓者和学术带头人。

五十年来,他一直进行汽车科学技术的系统研究工作,并取得了巨大成就。曾经主持了多种新型汽车的开发与多项行业重大课题的研究,取得了大量具有国际先进水平的研究成果,获得国家及部级科技进步奖7项,在国内外发表论文250余篇,出版专著2部,同时为我国汽车工业培养了大批高层次人才。

七、李书福

图2-22 李书福

李书福(图2-22),1963年6月25日出生于浙江省台州(台州路桥)。现任吉利集团董事长,经济师职称,台州市人大代表,全国政协委员。李书福白手起家,创办吉利集团。1999年底,吉利集团员工发展到近万人,总资产20多亿元,年销收入30多亿元。吉利集团是中国第一家生产轿车的民营企业。此外,吉利还投资8亿多元创建了全国最大的民办大学——北京吉利大学。2010年3月28日21时,在瑞典的斯德哥尔摩,吉利汽车以18亿美元的价格收购瑞典汽车企业沃尔沃轿车100%的股权。2013年"两会"上,李书福提出关于空气质量问题、出租车问题以及个人所得税起征点问题。

李书福曾先后荣获全国优秀乡镇企业家、青年改革家、新长征突击手、经营管理大师、十大民营企业家、中国汽车界风云人物、中国汽车工业(50年)杰出人物、浙商年度风云人物等荣誉,而他本人面对这些殊荣却看得十分平淡,他说这些荣誉都属于过去,今后的路更长,也更曲折。正像他的名字一样,为中国老百姓书写幸福,是他终生追求的目标。

思考: 汽车界名人的经历对我们有什么启发?

单元三 著名汽车公司及其车标

汽车公司的创建、发展和变迁记录了世界汽车工业的成长历程。车标,顾名思义就是汽车公司或汽车产品的标志,它是艺术性和象征性的高度统一,是汽车公司生存和发展的缩影,同时也是一种知识产权和无形的财富。本章按汽车公司所在国的顺序,介绍世界各大著名汽车公司的基本情况及其品牌车标的寓意。

课题一 美国著名汽车公司及其车标

学习目标	鉴定标准	教学建议
(1) 掌握通用汽车公司有哪些汽车品牌 (2) 了解凯迪拉克车标的含义 (3) 了解别克车标的含义 (4) 了解雪佛兰车标的含义 (5) 掌握福特汽车公司有哪些汽车品牌 (6) 了解福特车标的含义 (7) 了解林肯车标的含义 (8) 掌握克莱斯勒汽车公司有哪些汽车品牌 (9) 掌握美国著名汽车公司或分部名称、车名的英语写法或口译	应知: (1) 通用汽车公司旗下拥有凯迪拉克、别克、奥兹莫比尔、庞蒂亚克、雪佛兰、土星等汽车品牌 (2) 凯迪拉克车标中的花冠盾形取自安东尼(德)凯迪拉克的族徽 (3) 福特汽车公司旗下拥有福特、林肯、水星、阿斯顿·马丁、美洲虎、马自达、沃尔沃和路虎等汽车品牌 (4) 福特车标是蓝底白字的"Ford"字样 (5) 克莱斯勒汽车公司拥有克莱斯勒、道奇、普利茅斯和吉普等汽车品牌 应会: (1) 车标识别,相关知识的文献检索、写作、讲演,具有汽车介绍和评价的能力 (2) 应掌握每个著名汽车公司或分部名称、车名的英译写法和口译	教具: (1) 美国著名汽车公司和汽车商标的图片及课件 (2) 典型的名车图片或课件 建议: (1) 避免孤立的讲授商标,要将公司、名车、商标联系起来 (2) 组织学生参加车展,组织学生讨论——汽车和商标评价 (3) 讲授美国著名汽车公司或分部名称、车名的英译写法和口译

一、通用汽车公司及其车标

通用汽车公司(General Motor Corporation)是美国第一大汽车公司,由威廉·杜兰特(William Durant)于1908年9月16日以别克汽车公司为核心而创建,总部设在美国底特律。

除生产销售汽车外,通用公司还涉足航空航天、电子通信、工业自动化和金融等领域。

通用汽车公司是美国最早实行股份制和专家集团管理的特大型企业之一,公司生产的汽车,典型地表现了美国汽车豪华、宽大、内部舒适、速度快、储备功率大等特点。旗下拥有凯迪拉克、别克、奥兹莫比尔、庞蒂亚克、雪佛兰、土星、GMC等汽车品牌。

通用汽车公司的标志取自其英文名称"General Motor Corporation"前两个单词第一个字母 GM(图 3-1)。

图 3-1　通用公司标志

(一) 凯迪拉克车标

凯迪拉克 1902 年诞生于被誉为美国汽车之城的底特律,创建人是亨利·利兰(Henry Leland)(图 3-2)。百多年来,凯迪拉克在汽车行业创造了无数个第一,缔造了无数个豪华车的行业标准,可以说凯迪拉克的历史代表了美国豪华车的历史。在韦伯斯特大词典中,凯迪拉克被定义为"同类中最为出色、最具声望事物"的同义词;被一向以追求极致尊贵著称的伦敦皇家汽车俱乐部冠以"世界标准"的美誉。凯迪拉克融汇了百年历史精华和一代代设计师的智慧才智,成为汽车工业的领导性品牌。

21 世纪伊始,通用公司对凯迪拉克车标进行了一系列创新设计。新的凯迪拉克车标(图 3-3)可谓是其精神内涵的集中体现,著名的花冠盾形取自安东尼(德)凯迪拉克的族徽,是典型的贵族标志,既表现了底特律城创始人的勇气和荣誉,同时也象征着其在汽车行业中的领导地位。选用"凯迪拉克"之名是为了向法国的皇家贵族、探险家、美国底特律城的创始人安东尼·门斯·凯迪拉克表示敬意。图 3-4 是 1993 年的凯迪拉克总统大轿车,图 3-5 是凯迪拉克 CTS 轿车。

图 3-2　亨利·利兰

图 3-3　凯迪拉克车标

图 3-4　凯迪拉克总统大轿车(1993)

图 3-5　凯迪拉克 CTS 轿车(2010)

(二) 别克车标

别克汽车公司建于 1903 年 5 月 19 日,创建人是苏格兰人大卫·别克(David Buick)(图 3-6)。公司建立不久就陷入困境,后来在威廉·杜兰特的资助下公司才兴旺起来。1908 年 9 月 16 日,威廉·杜兰特以别克公司为核心成立了通用汽车公司。别克汽车部引以为豪的是在许多方面居于领先地位,如首创顶置气门发动机、转向信号灯、染色玻璃、自动变速器等。别克汽车部还培养了许多汽车名人,如沃尔特·克莱斯勒、路易斯·雪佛兰等。

别克(BUICK)车标(图 3-7),是 3 把颜色不同(从左到右红、白、蓝 3 种颜色)并依次排列在不同高度位置上的利剑,给人一种积极进取、不断攀登的感觉;它表示别克分部采用顶级技术,刃刃见锋,也表示别克分部培养的人才个个游刃有余,

图 3-6　大卫·别克(David Buick)

是无坚不摧、勇于登峰的勇士。

图 3-7　别克(BUICK)商标

(三) 奥兹莫比尔车标

奥兹莫比尔(OLDSMOBILE)汽车部原为奥兹汽车公司,由兰塞姆·奥兹于 1897 年 8 月 21 日创建。1908 年 11 月 12 日,奥兹汽车公司并入通用汽车公司,遂更名为奥兹莫比尔汽车部。奥兹莫比尔(OLDSMOBILE)之名,是由奥兹(OLDS)加上莫比尔(MOBILE)得来的。"OLDS"是创始人奥兹的姓,"MOBILE"在英文中是机动车的意思。奥兹莫比尔汽车有两种图案车标:一种是红色底面上有一架简化的飞机,周围绘有白色、黄色花边;另一种是箭形图案。两种图案都代表公司积极向上和勇往直前的创新精神(图 3-8)。

图 3-8　奥兹莫比尔车标

奥兹莫比尔的经典车型,如奥兹(Olds)、短剑(Cutlass)(图 3-9)和奥 88(Eightyeight)等,都是人们喜爱的品牌。在奥兹莫比尔汽车最辉煌的 1985 年,销量竟达 100 万辆。从 1985 年开始,奥兹莫比尔汽车开始失宠,市场销量下滑。通用汽车公司一直试图用阿莱罗(Alero)和曙光(Aurora)(图 3-10)来改进这一老品牌,并赋予它新的内涵和品质,同时也采取了很多促销手段。无奈奥兹莫比尔汽车的好时光已过去,销售仍是直线下降。因为在人们的印象中,奥兹莫比尔汽车的油耗极大。万般无奈之下,通用汽车公司只好放弃所属的奥兹莫比尔品牌。2004 年 4 月 29 日,奥兹莫比尔轿车组装厂的一辆 2004 款阿莱罗轿车,作为奥兹莫比尔品牌的最后一辆汽车驶离了生产线,结束了奥兹莫比尔轿车的百年辉煌,它的下线也标志着奥兹莫比尔将逐渐淡出历史。

图 3-9　短剑(Cutlass)(1969)

图 3-10　曙光(Aurora)(1998)

(四) 庞蒂亚克车标

庞蒂亚克(Pontiac)汽车分部原为奥克兰(Oakland)汽车公司,由一位年轻的实业家爱德华·墨菲(Edward Murphy)于 1907 年 8 月 28 日创建。庞蒂亚克是一个印第安酋长的名字,18 世纪,他曾率部在底特律附近抵抗英法殖民者。为纪念他,把靠近底特律的一座小城命名为庞蒂亚克市。在这里,墨菲于 1893 年创办了庞蒂亚克轻便马车公司,于 1908 年生产了一种 4 缸发动机轿车,功率大,很有竞争力,因而得到了迅速发展。奥克兰汽车公司的兴旺引起了杜兰特的注意,通过会谈,1909 年 1 月 20 日,通用汽车公司收购了奥克兰汽车公司 50% 的股份。同年夏天,奥克兰汽车公司创始人爱德华·墨菲过世。之后,通用汽车公司全面控制了该公司。1932 年,奥克兰汽车公司更名为庞蒂亚克汽车公司。

图 3-11　庞蒂亚克车标

庞蒂亚克车标(图3-11)是带十字标记的箭头。十字形标记表示庞蒂亚克汽车部是通用汽车公司的成员,也象征着庞蒂亚克汽车安全可靠。箭头代表庞蒂亚克公司的超前技术和攻关精神。

(五) 雪佛兰车标

图 3-12　路易斯·雪佛兰
(Louis Chevrolet)

雪佛兰汽车分部原为雪佛兰汽车公司。1909年,通用汽车公司的创始人杜兰特邀请著名的瑞士赛车手兼工程师路易斯·雪佛兰(Louis Chevrolet)(图3-12)帮助他设计一款面向大众的汽车。1911年11月3日,以设计师名字命名的雪佛兰汽车公司应运而生。

新公司成立的初始目标是制造能与福特公司T型车竞争的低价位汽车。1912年,第一辆雪佛兰5座旅行小轿车"Classic Six"(图3-13)在底特律问世。

1918年,雪佛兰汽车公司被通用汽车公司并购。次年,雪佛兰汽车的销售量就超过了通用汽车所有其他品牌的汽车。1918年,雪佛兰公司进入卡车制造领域,第一款产品是在490汽车平台上设计的轻型卡车。1920年,雪佛兰公司销售量达到150 000辆,占通用汽车销售总量的39%。1927年,雪佛兰公司在销售量上超过了其竞争对手福特公司。一年后,雪佛兰公司销售量首次超过100万辆。

图 3-13　雪佛兰 Classic Six

雪佛兰是通用汽车公司全球销量最大的品牌,曾经创下了每40 s销售一部新车的记录。在美国,雪佛兰轿车被人们亲切地称为"Chevy"。就像对待朋友和家人,昵称最能表达他们的爱。没有人怀疑"Chevy"与棒球、热狗、苹果派一样,是美国人的最爱。

雪佛兰"蝴蝶结"车标(图3-14)于1914年正式亮相,象征着雪佛兰轿车的大方、气派和风度。

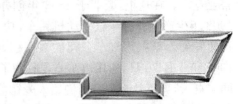

图 3-14　雪佛兰车标

（六）土星车标

1985 年，通用汽车公司决定新建土星（Saturn）分部，先进的土星牌轿车，以抵御外国轿车尤其是日本轿车大规模进入美国市场。分部设在田纳西州春山市，是通用公司唯一从内部建立起来的公司。主要产品分为豪华轿车、旅行轿车和跑车。

土星是通用汽车公司最年轻的品牌，不存在历史包袱，不存在有损害传统的顾忌，以市场需求为准绳，创新立异轻装上阵，这就是土星汽车的特点。土星汽车的初衷就是抵御外国车进入美国市场，它必然要在外观上和性能上有所创新，在价格上有优势。土星汽车主宰了美国价格便宜的紧凑型汽车市场。

土星车标（图 3-15）中的土星是太阳系中的一颗行星，体积是地球的 755 倍，有一条美丽的光环围绕着它。车标中的图案就是表现这颗行星的局部。在红色背景前，显示了两条星球运行的轨迹，也像高分子运行的轨迹。其含义在于开发高科技材料，追求高科技产品和新成果的结晶。

图 3-15　土星车标

二、福特汽车公司及其车标

福特（Ford）汽车公司是世界三大汽车公司之一，由亨利·福特（Henry Ford）于 1903 年 6 月 16 日创立，总部设在底特律。1908 年，福特汽车公司生产出世界上第一辆属于普通百姓的 T 型汽车（图 3-16），世界汽车工业革命就此开始。1913 年，福特汽车公司又开发出了世界上

图 3-16　福特（Ford）T 型汽车

第一条装配流水线(图 3-17)。到 1927 年,T 型车累计生产 1 500 万辆,福特先生因此被尊为"因世界装上轮子"的人。福特汽车公司每年销售各种轿车、卡车和商用车 700 万辆左右。

图 3-17　世界上第一条装配流水线

福特汽车公司在北美拥有福特和林肯-水星两个分部,还在国外建立了一些分公司和合资公司,其中较大的有英国福特汽车公司、德国福特汽车公司。1987 年,福特公司收购了英国阿斯顿·马丁汽车公司 75% 的股份,1994 年 7 月又收购了其余股份。1989 年,福特公司以 40.7 亿美元购入英国美洲虎汽车公司。1992 年,福特获得日本马自达汽车公司 34% 的股权。1999 年,福特汽车公司出资 64.5 亿美元收购了瑞典沃尔沃全球轿车业务。2003 年,福特汽车公司以 27 亿美元,从德国宝马汽车公司手下购买了英国罗孚汽车公司路虎品牌的所有四轮驱动系列产品。此外,福特汽车公司还拥有世界上最大的汽车信贷企业——福特信贷(Ford Financial)、全球最大的汽车租赁公司赫兹(Hertz)及汽车维修公司 Kwik-Fit。

福特汽车公司旗下拥有福特(Ford)、林肯(Lincoln)、水星(Mercury)、阿斯顿·马丁(Aston Martin)、美洲虎(Jaguar)、马自达(Mazda)、沃尔沃(Volvo)和路虎(LandRover)等汽车品牌。

(一)福特车标

福特汽车公司是用其创始人亨利·福特的姓"Ford"来命名的。福特公司和福特汽车的标志(图 3-18)是蓝底白字的"Ford"字样。因为福特非常喜爱动物,车标设计者就将英文"Ford"设计为形似奔跑的白兔,象征着福特汽车奔驰在世界各地,令人爱不释手。

图 3-18　福特车标

(二)林肯车标

林肯是福特汽车公司拥有的第二个品牌。林肯汽车公司由亨利·利兰(Henry Leland)先生在1917年8月创立,当时他已经74岁。1919年底,林肯汽车公司造出了样车,并以美国第16任总统林肯的名字给汽车命名。1922年2月4日,福特汽车公司收购了林肯汽车公司,成为福特汽车林肯分部,并由此进入豪华车市场。由于林肯车杰出的性能、高雅的造型和无与伦比的舒适,自1939年美国富兰克林·罗斯福总统以来,一直被选为总统专车,享有"美国总统车"的美称。

林肯车标(图3-19)是在一个近似矩形的框架中含有一颗闪闪发光的星辰,表示林肯总统是美国联邦统一和废除奴隶制的启明星,喻示福特林肯牌轿车具有光辉灿烂的明天。

图3-19 林肯车标

(三)水星车标

1936年,福特汽车公司成立水星分部。水星部用罗马神话中主管商业与道路之神水星来命名汽车,象征公司的气派(图3-20):天下道路为水星牌汽车修筑,人间商业唯水星主管。水星汽车可以提供从紧凑型轿车到大型越野车的各种车型。

1945年10月,福特公司将林肯部和水星部合并成立水星-林肯部,1998年水星-林肯部迁到加州的阿尔文(Irvine)。

图3-20 水星车标

(四)福特野马车标

图3-21 野马(Mustang)车标

野马(Mustang)汽车是由福特汽车公司原总裁锁萝李·艾柯卡(Lee Iacocca)在20世纪60年代初亲自主持研发的,属于运动型轿车,个性突出,深受年轻人喜欢。车标(图3-21)是墨西哥和加利福尼亚出产的一种野马,它身强力壮,善于奔跑,选它作为车标表示该车的速度极快。

三、克莱斯勒汽车公司及其车标

克莱斯勒(Chrysler)汽车公司是美国第三大汽车公司,由沃尔特·克莱斯勒(Walter Chrysler)在麦克斯韦尔(Maxwell)汽车公司的基础上,于1925年6月6日创立的。公司总部设在美国底特律。每年汽车销量近300万辆。

1928年7月,克莱斯勒公司收购了道奇(Dodge)汽车公司,成立了道奇部。后来将麦克斯韦尔汽车公司改建为克莱斯勒公司的普利茅斯(Plymouth)(又称顺风)部,将余下的克莱斯勒品牌部分成立克莱斯勒部。1929年,克莱斯勒汽车公司已成为美国三大汽车公司之一。在20世纪30~40年代的黄金时期,它曾一度超过福特汽车公司,成为美国第二大汽车公司。1987年,克莱斯勒汽车公司并购了美国汽车公司(AMC),成立了鹰-吉普(Eagle-jeep)部。1998年,克莱斯勒汽车公司与戴姆勒-奔驰(Daimler-Benz)汽车公司结盟成立戴姆勒-克莱斯勒(Daimler-Chrysler)汽车公司。

克莱斯勒汽车公司拥有克莱斯勒(Chrysler)、道奇(Dodge)、普利茅斯(Plymouth)和吉普(Jeep)等汽车品牌。

克莱斯勒汽车公司的标志(图3-22)像一枚五角星勋章,体现了克莱斯勒家族和公司员工的远大理想和抱负,以及永无止境的追求和在竞争中获胜的奋斗精神。五角星的5个部分,分别表示亚、非、欧、美、澳五大洲都在使用克莱斯勒。

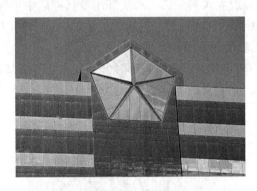

图3-22 克莱斯勒公司标志

(一) 克莱斯勒车标

20世纪30年代到50年代后期,克莱斯勒公司都一直沿用安装在发动机罩上的飞翔装饰。1951年,为庆祝新型V8发动机的诞生,这个标志被改为圆形,曾经风靡一时。但随着公众喜好的变化,1957年以后,公司不再使用此标志。1995年,银色的飞翔标志和金色的徽章又重新被采用,2年后两种图案融合在一起(图3-23)。

图3-23 克莱斯勒车标

(二) 道奇车标

道奇汽车公司是由道奇兄弟(约翰•道奇和霍瑞斯•道奇,图3-24)于1914年创立的。道奇兄弟去世后的1925年,公司卖给了纽约银行。1928年又加入克莱斯勒汽车公司而成为克莱斯勒汽车公司的一个分部。道奇部是克莱斯勒中级轿车生产分部,主要生产运动型轿车。

图 3-24　道奇兄弟

道奇车标(图 3-25)是在一个五边形中有一羊头形象。在汽车上使用小公羊、大公羊两个车标,象征道奇车强壮剽悍,善于决斗,表示道奇部的汽车朴实无华、美观大方。

图 3-25　道奇车标

(三) 普利茅斯(顺风)车标

普利茅斯是当年英国向美国迁移僧侣的港口。车标(图 3-26)采用僧侣乘坐过的"珠夫拉瓦"号的帆船图案,纪念第一批英国僧侣在 1620 年坐船自普利茅斯港口登陆。

图 3-26　普利茅斯(顺风)车标

(四）吉普车标

吉普（JEEP）是一个品牌，而不是一种车型。世界上第一辆吉普车是1941年在二战中为满足美军军需生产的。戴姆勒·克莱斯勒公司作为吉普的鼻祖，单独拥有这一注册商标。在中国，吉普品牌仅限北京吉普汽车有限公司使用。吉普标识见图3-27。

图3-27　吉普车标

吉普是英文"Jeep"的音译，它源于第二次世界大战。早在1938年西欧战火爆发之际，美国军方向全国所有汽车生产厂家言明，他们正在寻求一种执行通信及先遣侦察任务的新车以替代传统的三轮摩托车。到1940年夏季，军方将其想法确定为寻找一种通用功能的车，该车属于轻型车，容易驾驶，坚固，具有可靠的安全性以及操作灵敏的特点，且其设计规格必须达到军方提出的要求。3家公司对此做出反应——福特、班特（Bantam）及威利斯-奥夫兰多（Willys Overland）汽车公司狂热地进行开发工作，每家公司各自生产出1 500辆车用于场地试验。最终，威利斯-奥夫兰多汽车公司的车型得到了军方的认可（尤其是其738.74美元的价格），同时采用了福特及班特车型的部分特点对该车型做了一些改进。1941年7月23日，威利斯-奥夫兰多汽车公司与美国军方签订合同，生产二战期间使用的威利斯MB（军用B型）车（图3-28）。从此，吉普车开始了它辉煌的历程。

图3-28　威利斯MB（军用B型）车

课题二　德国著名汽车公司及其车标

学习目标	鉴定标准	教学建议
（1）掌握戴姆勒-奔驰汽车公司有哪些汽车品牌 （2）了解梅赛德斯-奔驰车标的演变 （3）掌握宝马汽车公司有哪些汽车品牌 （4）了解宝马车标的含义 （5）掌握大众汽车公司有哪些汽车品牌 （6）了解大众车标的含义 （7）了解欧宝汽车商标的含义 （8）掌握德国著名汽车公司名称、车名的外文写法和口译	应知： （1）戴姆勒-奔驰汽车公司旗下拥有梅赛德斯-奔驰、迈巴赫和精灵汽车品牌 （2）梅赛德斯-奔驰车标的演变 （3）宝马公司旗下拥有宝马、迷你、劳斯莱斯等品牌 （4）大众汽车公司旗下拥有大众、奥迪、宾利、斯柯达、西亚特、兰博基尼和布加迪等汽车品牌 （5）大众车标酷似三个"V"字，"V"字英文是"victory"（胜利）的首字母 应会： （1）相关知识的文献检索、写作、讲演，具有汽车介绍和评价的能力 （2）德国著名汽车公司名称、车名的外文写法和口译	教具： （1）德国著名汽车公司和汽车商标的图片及课件 （2）典型的名车图片或课件 建议： （1）避免孤立地讲授商标，要将公司、名车、商标联系起来 （2）组织学生参加车展，组织学生讨论——汽车和商标评价 （3）讲授德国著名汽车公司或分部名称、车名的英译写法和口译

一、戴姆勒-奔驰汽车公司及其车标

戴姆勒-奔驰（Daimler-Benz）汽车公司是世界上老资格的汽车生产厂家之一，以生产高质量、高性能的豪华汽车闻名于世。其前身是戴姆勒汽车公司和奔驰汽车公司，创始人是戈特利布·戴姆勒和卡尔·本茨。1926年，两个公司合并后叫戴姆勒-奔驰汽车公司（图3-29），总部设

图3-29　戴姆勒-奔驰汽车公司

在德国斯图加特,年产汽车约 100 万辆。

戴姆勒-奔驰汽车公司也是世界上著名的大客车和重型载重汽车的生产厂家,生产的载重汽车(图 3-30)、专用汽车、大客车品种繁多,仅载重汽车一种,就有 110 多种基本型。

图 3-30　奔驰载重汽车

1998 年,戴姆勒-奔驰汽车公司与克莱斯勒汽车公司结盟成立戴姆勒-克莱斯勒(Daimler-Chrysler)汽车公司,简称戴-克汽车公司。

戴姆勒-奔驰汽车公司旗下拥有梅赛德斯-奔驰(Mercedes-Benz)、迈巴赫(Maybach)和精灵(Smart)3 个汽车品牌。

(一) 梅赛德斯-奔驰车标

戴姆勒先生发明了四轮内燃机汽车,并创立了自己的汽车公司。但戴姆勒汽车公司生产的汽车品牌却叫梅赛德斯(Mercedes),这里有一段非常有趣的故事。

1899 年,奥地利驻法国领事馆领事、戴姆勒汽车公司的经销商埃米尔·耶利内克(Emit Jellinek)驾驶戴姆勒制造的凤凰牌汽车参加在法国尼斯(Nice)举行的汽车大赛,并以他可爱的女儿梅赛德斯(Mercedes)(图 3-31)作为赛车名,结果取得了第一名。梅赛德斯在西班牙语

图 3-31　耶利内克(Emit Jellinek)和女儿梅赛德斯(Mercedes)

中有幸运的含义。耶利内克认为是女儿的名字美好吉祥而使他在比赛中获胜，于是要求戴姆勒公司生产的汽车全部取名为梅赛德斯，并负责包销。从1901年开始，戴姆勒汽车公司生产的汽车正式以梅赛德斯命名，"MERCEDES"的字样便出现在汽车的散热器罩上。从1902年9月26日起，"MERCEDES"（图3-32）成为戴姆勒汽车公司的注册商标。

图3-32　梅赛德斯商标

1909年6月，戴姆勒汽车公司将三星标志（图3-33a）注册为正式商标。戴姆勒公司的标志来源于戴姆勒给他妻子的信，他认为他画在家里房子上的这颗星会为他带来好运，这颗三叉星还象征着戴姆勒汽车公司向海、陆、空三个方向发展。1909年，奔驰公司注册的商标是月桂枝包围着"BENZ"字样（图3-33b）。1916年，戴姆勒公司在三星标志的四周加上了一个圆周，并在其上方镶嵌了4颗小星，下面有"MERCEDES"字样，取代了原来的文字商标（图3-33c）。1926年两家公司合并，商标也合二为一，成为一个圆环，上面是"MERCEDES"，下面是"BENZ"字样，两者用月桂枝连接起来，中间还是三叉星（图3-33d）。1989年被简化为形似方向盘的三叉星（图3-33e）。

图3-33　梅赛德斯-奔驰车标的演变

（二）迈巴赫车标

威廉姆·迈巴赫（Wilhelm Maybach）（图3-34）早先与戴姆勒合作制造出了第一辆汽油

发动机四轮车,他是戴姆勒的好朋友和亲密合作伙伴,是戴姆勒汽车公司的总设计师。戴姆勒去世后,迈巴赫于1909年离开了戴姆勒汽车公司,父子两人开始创办自己的飞机发动机制造有限公司。1918年,公司更名为迈巴赫发动机股份有限公司。1919年,公司重返汽车业,进行汽车和发动机设计。

迈巴赫品牌汽车是德国汽车制造商中的经典,每一辆车都按照用户定制规格进行独立的制作,发动机及底盘全为手工打造,因此,迈巴赫没有两辆车是完全相同的。迈巴赫豪华汽车品牌在沉寂了60年后,于第72届日内瓦国际车展初次登场,而相应的迈巴赫轿车在2002年与众人见面。迈巴赫品牌定位在极少数的超豪华汽车市场。图3-35为20世纪30年代中期著名的迈巴赫DS8。

图3-34 威廉姆·迈巴赫
（Wilhelm Maybach）

图3-35 20世纪30年代迈巴赫DS8

迈巴赫车标(图3-36)有两个交叉的M,围绕在一个球面三角形里。"MM"原本代表"Maybach Motorenbau"(迈巴赫发动机)之义,现解作"Maybach Manufaktur"(迈巴赫制造)。

图3-36 迈巴赫车标

(三) 精灵(Smart)车标

精灵(Smart)汽车有限公司作为戴姆勒-奔驰的全资子公司成立于1994年,管理中心设在德国斯图加特市,生产工厂则在相距不远的法国海姆巴赫市。作为汽车界巨头戴姆勒公司和瑞士钟表集团斯沃奇(Swatch)合作的产物,似乎从一开始就决定了精灵双人款车(图 3-37)与众不同的特性。车标(图 3-38)"Smart"中的"S"代表了斯沃奇,"m"代表了戴姆勒集团,而"art"则是艺术的意思,合起来可以理解为"斯沃奇和戴姆勒合作的艺术"。而"Smart"车名本身在英文中也有聪明伶俐的意思,这也契合了精灵(Smart)公司的设计理念。

图 3-37 精灵(Smart)车

图 3-38 精灵(Smart)车标

二、宝马汽车公司及其车标

宝马(BMW)公司是以生产豪华汽车、摩托车和高性能发动机闻名于世的汽车公司,总部设在德国慕尼黑。宝马公司起源于两个飞机公司:慕尼黑卡尔·拉普发动机制造有限公司(Karl Rapp Motorenwerke Munichen GmbH)和古斯塔夫·奥托飞机发动机制造厂(Gustav Otto Flugmotorenfabrik)。1917 年 7 月 21 日,拉普发动机公司更名为巴伐利亚发动机制造有限公司(Bayerische Motoren Werke GmbH,简称 BMW),宝马是"BMW"的中文音译。宝马汽车公司汽车年产量 100 万辆左右,摩托车年产量 3 万辆左右。

宝马汽车公司是以生产航空发动机开始创业的,现在看到的宝马轿车上那个蓝白相间的圆形车标(图 3-39)就是源于那个年代,当时这种标志装在发动机上,表示蓝天白云中旋转着的螺旋桨。由于在第一次世界大战中德国战败,航空业受到严格限制,宝马只能另找出路。宝马的汽车生产始于兼并爱森纳赫汽车制造股份公司(Fahrzeugfabrik Eisenach AG)的 1928 年。爱森纳赫公司的汽车生产始于 1898 年,汽车品牌叫瓦尔特堡(Wartburg),1904 年以后叫迪克西(Dixi)。1929 年 1 月,第一辆嵌有宝马车标的 Dixi 汽车出厂,但这只是从英国引进的半成品而已。直

图 3-39 宝马车标

到4年后,第一辆真正的宝马BMW 303才诞生(图3-40)。20世纪50年代末,宝马公司经历了一次严重的危机,直到1961年BMW 1500(图3-41)上市引起轰动后公司才摆脱困境,此后宝马走上了顺利发展的道路。20世纪70年代末,宝马的产品只有20多万辆,远远低于奔驰汽车公司。但是到了20世纪90年代,宝马产量多次超过奔驰汽车公司,成为全球增长最快的高档汽车生产厂家。

图3-40　宝马BMW 303(1933)

图3-41　宝马BMW 1500(1961)

宝马汽车主要有1、3、5、6、7、8、X、Z和M等系列车型。1994年,宝马公司收购了英国罗孚(Rover)汽车公司。收购罗孚公司不久,英镑的价值猛涨50%,导致了对投资罗孚汽车的费用增高,于是宝马公司决定将罗孚和MG两家工厂以10英镑的象征性价格出售。越野路虎品牌2003年出售给了福特公司,但宝马公司保留了迷你(Mini)品牌。1998年,宝马集团又购得了英国劳斯莱斯(Rolls Royce)汽车品牌。

宝马公司旗下拥有宝马、迷你、劳斯莱斯等品牌。

宝马车标以蓝天为背景,配以白色的螺旋桨,在最上方是公司的名字"BMW"。这一蓝白对称的图形,同时也是公司所在地巴伐利亚州的州徽。

宝马车标喻示公司渊源悠久的历史,象征该公司过去在航空发动机技术方面的领先地位,反映了公司蓬勃向上的气势和日新月异的新面貌,又象征公司的一贯宗旨和目标,即以先进精湛的技术、最新的理念,满足顾客的最大愿望。

三、大众汽车公司及其车标

大众(Volkswagen)汽车公司是一个在全世界许多国家都有生产厂的跨国汽车集团。公司总部设在沃尔夫斯堡(Wolfsburg),整个汽车集团年产销能力在500万辆左右。

最早的大众汽车是甲壳虫(Beetle)汽车,它是世界著名的汽车设计大师费迪南德·波尔舍和独裁者希特勒两个人梦想和努力的产物(图3-42)。希特勒从来没有开过车,却是一个车迷,他有一种想法,要使德国大众,包括工人都能开上汽车,造一种大众化汽车,价格比当时最廉价的车还便宜一半。波尔舍也早就有制造大众都能买得起的便宜轿车的想法,但他缺乏资金。起初希特勒只给波尔舍一点象征性的微不足道的资助。1937年5月,德国大众汽车公司成立,希特勒拨款48万马克开始全力支持波尔舍的计划。大众汽车公司于1938年10月正式注册,1939年4月开始生产,当年就有210辆汽车生产出来,被人们称为甲壳虫汽车(图3-43)。

图3-42　希特勒(左三)和费迪南德·波尔舍(左一)

二战后,大众公司划归联邦德国政府,汽车生产逐步恢复。由于甲壳虫车价格低廉,很快风靡德国和欧洲。1955年,甲壳虫汽车出口到100多个国家。1960年,大众汽车公司改

图 3-43　甲壳虫汽车(1939)

组为大众汽车有限公司,国家和地方政府各占 20% 股,其余股份属私人投资者。在 20 世纪 60～70 年代,大众汽车公司还生产其他型号的汽车,但甲壳虫汽车一直是主打产品。到 1981 年甲壳虫汽车停产时,已经累计生产 2 000 多万辆,打破了福特 T 型车的世界纪录。继甲壳虫汽车后,大众公司在 1980 年实现四轮连续驱动小客车大批量生产,推出了 20 世纪 80 年代世界最畅销的高尔夫汽车,从而成为欧洲最大的汽车商。现在大众公司又推出了新型甲壳虫车,预备重新刮起一股甲壳虫旋风。通过 1991 年收购西亚特和斯柯达,以及 1998 年收购布加迪、兰博基尼和宾利等汽车公司后,大众汽车公司形成了与多品牌相适应的结构。

大众汽车公司旗下拥有大众(Volkswagen)、奥迪(Audi)、宾利(Bentley)、斯柯达(Skoda)、西亚特(Seat)、兰博基尼(Lamborghini)和布加迪(Bugatti)等汽车品牌。

(一) 大众车标

大众公司的车标(图 3-44)是由两个德文单词"Volks Wagen"(大众车)首字母"V"和"W"组合而成,图案简捷、大方、明了。图形车标又酷似 3 个"V"字,"V"字英文是"victory"(胜利)的首字母,表示大众公司及其产品"必胜—必胜—必胜"。

图 3-44　大众车标

(二) 奥迪车标

奥迪(Audi)汽车公司现为大众汽车公司的子公司,总部设在德国的英戈尔施塔特(Ingolstadt),年产轿车45万辆左右,主要产品有A2、A3、A4、A6、A8系列,以及S系列和TT系列。

奥迪汽车公司的创始人奥古斯特·霍希(August Horch)(图3-45)大学毕业后长期从事机械制造业。1899年,霍希在科隆附近与别人合股建立了霍希(Horch)公司。正当公司日益壮大之时,由于与汽车公司管理层意见相左,霍希于1909年离开自己亲手创办的公司。不久,霍希又在同一城市新建了另外一家霍希汽车公司,但遭到了原霍希汽车公司的投诉,被法院裁定必须更名。这时霍希想出了一个解决问题的巧妙办法。原来他的名字Horch(霍希)在德语中是"听"的意思,译成拉丁文就是Audi(奥迪)。于是,1910年4月25日,他把新公司命名为奥迪(Audi)汽车公司。

图3-45 奥古斯特·霍希(August Horch)

1932年6月29日,奥迪与另外三大汽车品牌,即DKW(Dampf Kraft Wagen,蒸汽车驱动汽车)Horch和Wanderer(漫游者),联合成立了汽车联盟公司(Auto Union,AU)。1966年,汽车联盟公司成了大众汽车公司的全资子公司。1969年3月10日,汽车联盟与纳苏(NSU)汽车公司合并,定名为奥迪-NSU汽车联盟有限公司。从1985年1月1日起,奥迪-NSU汽车联盟公司更名为奥迪公司。

奥迪车标(图3-46)采用4个连环的标志,表示4家公司(DKW、奥迪、霍希和漫游者公司)在20世纪30年代组成联合汽车公司,四环相连的图案代表4个创始公司精诚合作,密不可分。

图3-46 奥迪车标

（三）保时捷汽车公司及其车标

保时捷（Porsche）汽车公司于1931年创立，创始人是费迪南德·波尔舍（Ferdinand Porsche），他也是大众汽车公司的创始人和甲壳虫汽车的设计者。保时捷汽车公司是一家比较特殊的汽车公司，它既从事保时捷牌超级跑车、赛车的设计和生产，也承接其他公司委托的技术研究和设计开发工作。公司总部设在德国斯图加特。

费迪南德·波尔舍以及他的儿子费利·波尔舍（Ferry Porsche）（图3-47）、孙子亚历山大·波尔舍（Alexander Porsche）（图3-48）都是举世闻名的汽车设计大师，他们三代人推出的跑车产品风靡全世界。保时捷356、保时捷804、保时捷904和保时捷911都是名噪一时的运

图3-47　费利·波尔舍（Ferry Porsche）

图3-48　亚历山大·波尔舍（Alexander Porsche）

动车。特别是保时捷911跑车(图3-49),造型小巧别致,加速极快,噪声小,功率大,车速高,是20世纪60年代设计最成功的跑车。后来,在该车的基础上衍生出多种车型,而每一车型的出现都引起轰动。保时捷959赢得巴黎-达喀尔拉力赛冠军,保时捷961在高水平的汽车拉力赛中连连夺冠。1975年,保时捷917/30赛车在12缸5.374 L发动机驱动下,创造413.6 km/h的世界纪录。在1983年的法国勒芒汽车24 h耐力赛中,前10名中,除第9名外,其余9名全被保时捷汽车包揽。从此,保时捷汽车被誉为"跑车之王"。

图3-49　保时捷911

保时捷车标(图3-50)是以公司所在地斯图加特所在的巴登佛登堡州(Baden-Wurttemberg)州徽和德国黑、红、黄三色旗作底,最上方是"PORSCHE"字样;中间是一匹黑色的骏马,表明斯图加特以产马而闻名;马的上方是"STUTTGART"字样,表明公司所在地;背景左上和右下的鹿角表明这里以前是狩猎场,黄色底色代表成熟了的麦子,黑色条纹代表肥沃的土地,红色条纹象征着人们的智慧。整个车标展现了保时捷公司过去的辉煌,并喻示着美好的未来。

图3-50　保时捷车标

(四)欧宝汽车公司及其车标

欧宝(Opel)汽车公司的历史可以追溯到1863年。当时的创始人德国的亚当·欧宝(Adam Opel)(图3-51)设计制造出缝纫机后就创办了自己的缝纫机公司,随后他又开始设计自行车。兴旺的生意使他拥有了几百名雇员和上万台缝纫机的资产。1899年,日益壮大的欧宝公司开始涉足汽车制造业。当时它最早生产的鲁兹曼(Lutzman)牌汽车(图3-52)是一种3座、不足3 kW的单缸发动机敞篷车,这也是世界上早期生产的汽车之一。

精良的科技与制造水准,使欧宝汽车迅速占领了当时的汽车市场。到1914年,欧宝汽车公司已成为德国最大的汽车制造商,继而还建立了长达45 m的德国第一条流水生产线。到1928年,欧宝的产品已占居德国市场的三分之一以上。1929年,美国通用汽车公司以3 300万美元买下了欧宝

图3-51　亚当·欧宝(Adam Opel)

公司80%的股份,使其成为通用汽车公司在德国的子公司,但欧宝汽车仍保留了自己的设计风格,生产适应欧洲市场的车型。1931年,欧宝成为欧洲最大的汽车制造商。

图3-52　鲁兹曼(Lutzman)汽车(1899)

图3-53　欧宝车标

近十多年来,已经畅销全球的欧宝欧美佳(Omega)、威达(Vetra)、雅特(Astra)、赛飞利(Zafira)轿车在世界各地的权威轿车评选中获得多项大奖,这也是对欧宝轿车长期以来坚持的科技创新和精良工艺的最好肯定。

欧宝车标(图3-53)是由闪电图案组成。闪电象征着欧宝公司的技术进步与发展,像闪电一样划破长空,震撼世界,特别是在空气动力学方面的技术处于领先地位。同时,又体现了欧宝汽车的青春、活力、进取和颇具吸引力的风格。

课题三　法国著名汽车公司及其车标

学习目标	鉴定标准	教学建议
（1）了解历史悠久的法国汽车公司 （2）了解标致车标的演变过程及标致车标的含义 （3）掌握雪铁龙车标的含义 （4）了解雷诺车标的含义 （5）了解布加迪车标的含义 （6）掌握法国著名汽车集团、公司名称和车名的外文写法和口译	应知： （1）法国的一些汽车公司创建得很早 （2）标致车标是一只站着的雄狮，雄狮是标致家族的徽章 （3）雪铁龙汽车公司前身为雪铁龙齿轮公司，所以车标用齿轮为背景 （4）雷诺车标喻示在无限的（四维）空间中竞争、生存和发展 （5）布加迪车标周围一圈小圆点象征滚珠轴承，希望公司能永远不停转 应会： （1）选取一款名车做产品介绍 （2）法国著名汽车集团、公司名称和车名的外文写法和口译	教具： （1）法国著名汽车公司和汽车商标的图片及课件 （2）典型的名车图片或课件 建议： （1）避免孤立地讲授商标，要将公司、名车、商标联系起来 （2）组织学生参加车展，组织学生讨论——汽车和商标评价 （3）讲授法国著名汽车公司或分部名称、车名的英译写法和口译

一、标致汽车公司及其车标

1819年，标致（Peugeot）家族成立了标致兄弟公司（Peugeot-Freres et Compagie），开始生产钟表弹簧、缝纫机等产品。1889年，标致兄弟把一台蒸汽机放置在一辆双人座的三轮车上，向世人宣示其进军汽车制造的野心。1890年，标致兄弟成功开发出一辆搭载戴姆勒汽油机的四轮汽车，这也是法国的第一辆汽油车。1896年，正式成立标致汽车公司（Societe des Automobiles Peugeot），总部设在法国巴黎。

第一次世界大战前，标致公司的汽车产量已超过法国所有的汽车生产厂家，达到1.2万辆。第一次世界大战中，阿尔芒·标致（Armand Peugeot）（图3-54）及时调整经营战略，使标致公司在战争中发展起来。1939年，汽车年产量达4.8万辆。标致公司的第二次大发展时期是二战后的20世纪50～60年代，汽车产量在20年间猛增十几倍，一跃成为法国第二大汽车公司。

1976年，标致公司通过和法国米其林（Michelin）公司签订协议，换股取得了米其林公司所掌握的雪铁龙汽车公司股份，使标致汽车公司成为雪铁龙汽车公司的新主人。合并后的公司改称为标致-雪铁龙集团

图3-54　阿尔芒·标致（Armand Peugeot）

(PSA Peugeot-Citroen),汽车总产量超过雷诺汽车公司而位居法国第一。

PSA 标致-雪铁龙公司旗下拥有(Peugeot)和雪铁龙(Citroen)两个汽车品牌。

标致汽车公司的车标经过一系列演变最终定位为一只站着的雄狮(图 3-55)。雄狮是标致家族的徽章,也是法国蒙特贝利亚德(Montbeliard)省的省徽。雄狮标志表示威武、敏捷,永远保持旺盛的生命力,既突出了力量,又强调了节奏感。

图 3-55 标致车标的演变过程

二、雪铁龙汽车公司及其车标

雪铁龙(Citroen)汽车公司创立于 1915 年,创始人是安德烈·雪铁龙。雪铁龙公司的主要产品是小客车和轻型载货车,总部设在法国巴黎。

雪铁龙公司创立之初,正是第一次世界大战最酣之时,因而其产品主要是炮弹和军事设备。直到一战结束之后,公司才开始从事汽车制造。1919 年 5 月,雪铁龙公司的 A 型车(图 3-56)投产,拉开了雪铁龙汽车的生产序幕。虽然当时年产量只有 2 810 辆,但雪铁龙 A 型车仍然开创了法国的多个第一:第一条欧洲引入的大批量、低成本、全装备的生产线;第一辆左舵驾驶车;第一款面向大众消费群的汽车,在当时创下每辆仅售 7 950 法郎的记录;1934 年生产出法国第一辆前轮驱动汽车。由于采用流水线生产,因而雪铁龙公司成立仅仅 6 年,年产量就突破 100 万辆。

1976 年,雪铁龙公司加入标致集团,成为法国 PSA 标致-雪铁龙集团成员之一,但仍然有很大的独立性,经营活动由自己把握。

图 3-56　雪铁龙 A 型车(1919)

雪铁龙汽车公司的前身为雪铁龙齿轮公司,所以车标(图 3-57)用齿轮为背景,由人字形齿轮构成,象征着人们密切合作,同心协力,步步高升。

图 3-57　雪铁龙车标

三、雷诺汽车公司及其车标

雷诺(Renault)汽车公司是法国第二大汽车公司,创立于 1898 年,创始人是被誉为"法国汽车工业之父"的路易斯·雷诺(Louis Renault,1877—1944)(图 3-58),他也是汽车直接驱动技术的先驱。雷诺公司总部设在法国比杨古(Billancourt),汽车年产量达 200 多万辆。

雷诺公司第一次大发展是在第一次世界大战中,它为军队生产枪支弹药和飞机,并设计出轻型坦克,使雷诺公司大发战争财。战争结束后,公司转向农业机械和重型柴油车生产,其柴油机技术处于世界领先地位。第二次世界大战期间,雷诺公司为德国法西斯效劳,为德

图 3-58　路易斯·雷诺(Louis Renault)

军提供大量坦克、飞机发动机和其他武器,因而战争结束后,雷诺公司被法国政府接管,路易斯·雷诺被逮捕。战后,在法国政府的支持下,雷诺公司进入了第三次大发展时期。公司利用国家资本,兼并了许多小汽车公司,并发挥了雷诺公司的技术潜力,开发出多种汽车新产品。

雷诺汽车公司汽车产品十分齐全,除小客车和载货车外,各种改装车、特种车应有尽有。1999年3月27日,雷诺汽车公司与日产汽车公司签署了协议,雷诺公司以54亿美元的投资取得日产公司36.8%和日产柴油车公司22.5%的股份,并得到5年后持日产44.4%股份的保证。1999年9月,雷诺公司接手罗马尼亚的达西亚(Dacia)汽车公司,投资2.2亿美元振兴和开发这一东欧品牌。

雷诺车标的演变如图3-59所示。1925年的菱形雷诺车标中间有横条和"RENAULT"字样;1972年简化为4条线围成的菱形;现在的车标是一个由矩形组成的空间菱形。雷诺车标表示雷诺兄弟共同组成了一个大集体,喻示雷诺汽车能在无限的(四维)空间中竞争、生存和发展,又表示雷诺汽车的刚劲有力,加工尺寸精确,且与众不同。

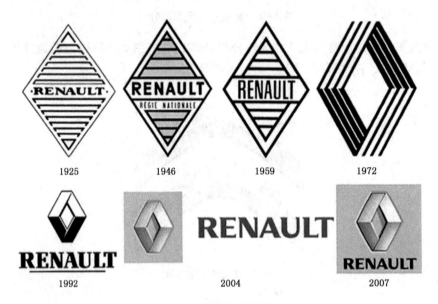

图3-59 雷诺车标的演变

四、布加迪汽车公司及其车标

布加迪(Bugatti)汽车公司是由埃托里·布加迪(Ettore Bugatti)(图3-60)于1909年在法国摩尔海姆(Molsheim)创建的,当时布加迪年仅28岁。出生于艺术之家的布加迪,修习完美术课程之后选择了机械专业。他特别爱好驾驶汽车,从17岁起就参加赛车活动,18岁便进入普里内蒂-斯图基(Prinetti & Stucchi)公司工作,学习三轮汽车的设计制造,并在这一年里获得了汽车赛的冠军。布加迪为了追求机器与艺术的完美结合,不计成本地制作了不少著名车型,它生产的跑车,曾在20世纪30年代创造了多次汽车车速的世界纪录。

布加迪这个创立至今已经有百余年历史的法国跑车品牌,在过去的一个世纪间可以说是经历了风风雨雨。1947年,因为创始人埃托里·布加迪过世而终止营运。布加迪这个老字号的法国品牌虽然一度于20世纪90年代初期在狂热的意大利车迷兼实业家Romano Artioli的努力奔走下复活,并且推出了像EB 110(图3-61)这般脍炙人口的超跑级量产车,可惜很不幸,好不容易复活过来的布加迪公司因为财务困难,在1995年宣布破产。1998年,德国大众汽车公司买下了布加迪的商标权,正式将布加迪汽车纳入大众集团之下,由大众本身来管辖(大众旗下的另外一个超跑品牌兰博基尼则归属奥迪汽车公司管辖)。在由大众汽车公司接手之后,布加迪几乎可以说从未在各大国际车展中缺席过,一连推出了数款概念车,昔日辉煌得以重现。

布加迪车标(图3-62)中的英文"BUGATTI"字母即布加迪,上部EB即为埃托里·布加迪(Ettore Bugatti)的英文缩写,周围一圈小圆点象征滚珠轴承,底色为红色,希望公司能永远不停转。

图3-60　埃托里·布加迪(Ettore Bugatti)

图3-61　布加迪EB 110 GT(1991)

图3-62　布加迪车标

课题四　英国著名汽车公司及其车标

学习目标	鉴定标准	教学建议
（1）掌握劳斯莱斯车标的含义 （2）了解宾利车标的含义 （3）了解美洲虎车标的含义 （4）了解早先的罗孚汽车公司包含哪些汽车品牌 （6）了解罗孚商标的含义 （7）掌握英国著名汽车公司或分部名称、车名的英语写法或口译	应知： 　　（1）劳斯莱斯平面车标两个"RR"叠合在一起，说明两人紧密合作，相互支持 　　（2）宾利车标是以公司名"Bentley"的第一个字母"B"为主体，生出一对翅膀 　　（3）早先的罗孚汽车公司旗下拥有罗孚/路虎、MG、迷你、莲花、阿斯顿-马丁、摩根等汽车品牌 　　（4）罗孚车标中"rover"指代流浪者，图案是中间大海盗船的船头雕像 应会： 　　（1）车标识别，相关知识的文献检索、写作、讲演，具有汽车介绍和评价的能力 　　（2）应掌握每个著名汽车公司或分部名称、车名的英译写法和口译	教具： 　　英国著名汽车公司和汽车商标的图片及课件 　　典型的名车图片或课件 建议： 　　（1）避免孤立的讲授商标，要将公司、名车、商标联系起来 　　（2）组织学生参加车展，组织学生讨论——汽车和商标评价 　　（3）讲授英国著名汽车公司或分部名称、车名的英译写法和口译

一、劳斯莱斯汽车公司及其车标

劳斯莱斯(Rolls-Royce)（又译为罗尔斯-罗易斯）汽车公司是由查尔斯·罗尔斯(Charles Rolls)和弗里德瑞克·罗易斯(Frederick Royce)合作（图3-63），于1904年创建的。劳斯莱斯汽车公司是以一个贵族化汽车公司享誉全球的。该公司的创始人罗尔斯和罗易斯两人的出身、爱好、性格完全不同，但对汽车事业的执著和向往，使他们成为一对出色的搭档。两位创始人的"创造世界上最好的汽车"的追求一直是劳斯莱斯最高的经营宗旨。劳斯莱斯汽车制作精细，材质优良，年产量只有几千辆（图3-64）。但从另一角度看，物以稀为贵。劳斯莱斯轿车之所以成为显示地位和身份的象征，是因为该公司要审查轿车的购买者的身份及背景条件。曾经有过这样的规定：只有贵族身份才能成为其车主。伊丽莎白女王1952年登基后，逐步用劳斯莱斯取代了梅赛德斯-奔驰轿车。1955年，劳斯莱斯被授权皇室专用徽章。

大众汽车公司于1998年购买了劳斯莱斯轿车有限公司。而在收购劳斯莱斯中败下阵来的宝马汽车公司在当年7月28日以4 000万英镑购买了劳斯莱斯的商标，并与大众汽车公司签署了一项协议：从1998年起，大众公司拥有5年的劳斯莱斯商标使用权，期限到2002年底；从2003年起，劳斯莱斯品牌自动归宝马公司所有，大众公司则拥有劳斯莱斯公司的另一个品牌——宾利。

图 3-63　查尔斯·罗尔斯(Charles Rolls)和弗里德瑞克·罗易斯(Frederick Royce)

图 3-64　劳斯莱斯汽车(1904)

(一) 劳斯莱斯车标

劳斯莱斯平面车标(图 3-65)以两个重叠的"RR"为中心,上方写有公司创始人罗尔斯(ROLLS)的名字,下方是另一位创始人罗易斯(ROYCE)的名字。两个"RR"叠合在一起,说明两人紧密合作,相互支持。当两位创始人先后去世后,公司的继承人将"RR"商标由红色改为黑色,以示纪念。现在,人们已经习惯于将"RR"标志看作皇室贵族以及成功人士的象征。

劳斯莱斯标志除了"RR"之外,还有著名的飞翔女神(The Spirit of Ecstasy)立体车标(图 3-66)。这个标志的创意取自巴黎卢浮宫艺术品走廊的一尊有两千年历史的胜利女神雕像,她庄重高贵的身姿是艺术家们产生激情的源泉。

图 3-65　劳斯莱斯平面车标

图 3-66　劳斯莱斯立体车标

(二) 宾利车标

1919 年 8 月,沃尔特·本特利(Walter Bentley)(又译为宾利)(图 3-67)成立宾利汽车股份有限公司,开始设计制造他多年来梦寐以求的运动车。1924 年,宾利车首次在勒芒大赛中获胜,以后于 1927—1930 年中连续 4 次得奖。因此,它受到热心于汽车运动的年轻人的青睐,其中包括一些贵族。此外,宾利车对当时一些电影圈人物也有吸引力。它的生产量不大,而价格高昂,在高档轿车市场上名声显赫。1928 年生产了 408 辆宾利汽车,是公司效益最佳的一年。1931 年,公司的债务达 10 万多英镑,生产不能继续而宣告破产。英国中央公平信托股份有限公司成为宾利汽车股份有限公司的主人,而该公司实际上是代表劳斯莱斯汽车公司,因此本特利成为劳斯莱斯汽车公司的雇员。同年成立新的宾利汽车股份有限公司,是劳斯莱斯汽车公司的一个下属公司。从此,宾利汽车逐渐成为劳斯莱斯风格的轿车。

图 3-67　沃尔特·本特利
(Walter Bentley)

宾利豪华轿车与劳斯莱斯豪华轿车的区别在于运动型车身版式,偏紧凑的行驶结构和更大的功率。劳斯莱斯和宾利汽车实际上是同一类车,只不过根据不同的用户将两种车做得各有特色,魅力不同而已。宾利轿车是为了满足富有的年轻人,追求高速驾驶、寻求刺激的需要。

宾利车标(图 3-68)是以公司名"Bentley"的第一个字母"B"为主体,生出一对翅膀,似凌空翱翔的雄鹰,喻示着宾利汽车公司在全球范围内的无限发展。

图 3-68　宾利车标

二、美洲虎汽车公司及其车标

美洲虎(Jaguar)（又译为捷豹）汽车公司的创始人是威廉·里昂斯(William Lyons)。1922年9月4日，威廉·里昂斯和威廉·伟士利(William Walmsley)在英国的黑地(Blackpool)建立了名为燕子边斗摩托车(Swallow Sidecar)公司，合作经营边斗摩托车。1926年，公司改名为燕子四轮车制造(Swallow Coachbuilding)公司。1928年，公司迁往考文垂(Coventry)市。不久，公司的良好境况吸引了包括菲亚特在内的许多当时有名的车厂，均委托他们来打造车身。1935年初，威廉·伟士利离开公司，从此，里昂斯开始独自经营公司，专心负责制造汽车，同时将公司的名字改成了SS(Swallow Sports)汽车公司，取其轻灵似燕的意义。1935年，里昂斯把SS汽车公司更名为美洲虎(Jaguar)汽车公司。美洲虎最初的产品包括超豪华车、敞篷车和跑车。二战爆发后，车厂改为兵工厂。战后第一辆车于1945年7月出厂，但因SS和纳粹党卫军字母相同而遭弃用，改用XK代号。这两个字母的组合在后来几十年内一直是速度、品位以及地位的象征。20世纪60年代，美洲虎公司兼并了多家汽车公司，包括并购英国戴姆勒汽车公司和英国汽车公司(BMC)。整个20世纪60年代，可以说美洲虎汽车走在了世界汽车的最前面。20世纪80年代对美洲虎公司来说是个充满着灾难的10年，始创人威廉·里昂斯爵士与世长辞后，美洲虎公司每况愈下，销量大减。1989年，美洲虎公司被美国福特公司以40.7亿美元的价格购入，成为福特汽车公司的子公司，使当时濒临破产的美洲虎公司获得了新生。

20世纪90年代，在福特公司的帮助下，美洲虎公司走出了困境，成为生产福特汽车公司豪华轿车的重要基地。在21世纪初，F1的成功参赛以及多款跑车的成功推出，使得公司逐渐恢复了20世纪60年代的声誉。现在的美洲虎汽车凭借其个性化的外形，豪华的内饰和设备以及卓越的性能在世界汽车中重新占据重要地位。

美洲虎车标（图3-69）是一只正在跳跃前扑、矫健勇猛的美洲虎，图案形神兼备，具有时代感和视觉冲击力，表现出向前奔驰的力量和速度。以后，又出现了一种美洲虎的浮雕头像，怒目咆哮，盛气凌人，成为美洲虎运动车的另外一种标志，体现了该车的名贵和公司的雄心勃勃。

图3-69　美洲虎车标

三、罗孚汽车公司及其车标

1887年，约翰·坎普·斯达雷(John Hemp Starley)和威廉姆·苏顿(William Sutton)共同出资建立了罗孚(Rover)公司。1903年，罗孚公司开始研究自动交通工具，不久以后使用普通汽油机的帝王(Imperial)牌摩托车诞生了。1904年,埃德蒙德·路易斯(Edmund Lewis)为罗孚公司设计了第一辆6 kW汽车,这也是在英国早期设计制造的汽车之一(图3-70)。

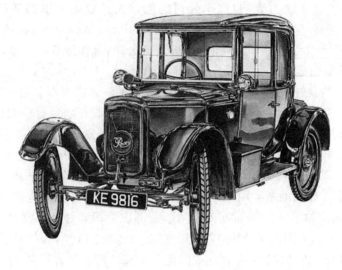

图3-70　罗孚汽车(1904)

1948年,罗孚在60型轿车的基础上增加了四轮驱动和多功能车身,这就是世界闻名的越野车品牌——路虎(Land Rover)的第一辆车(图3-71)。

图3-71　路虎汽车(1948)

为罗孚汽车公司赢来真正辉煌的是P5型车(图3-72)。这是一款宽大的豪华轿车,1958年上市,配备罗孚3 L 6缸发动机,这是罗孚汽车公司第一辆拥有整体车身的轿车。P5成为达官显贵们的最爱,英国前首相威尔逊、撒切尔夫人,以及英国女王都把这款车作为私人用车。

1967年,罗孚汽车公司与美洲虎和凯旋(Triumph)汽车公司合并,成为专业制造高端汽车产品的汽车制造厂。1968年,与奥斯丁汽车公司整合正式并入英国利兰(Leyland)汽车集团。1978年集团重组,路虎公司(Land Rover Ltd)成立,从此,越野车同轿车部门分家。1986

单元三　著名汽车公司及其车标

图 3-72　罗孚 P5 豪华车(1958)

年,格拉汉姆·达依(Graham Day)爵士被任命为英国利兰公司总裁,他很快把公司更名为罗孚集团。1988 年,罗孚集团被英国宇航公司收购。1990 年,又与日本本田汽车公司在技术和资金上进行合作。1994 年,罗孚集团被德国宝马汽车公司接管。2000 年 3 月,美国福特汽车公司向宝马公司支付 30 亿欧元,购买了路虎品牌所有四轮驱动系列产品。而罗孚品牌轿车倒贴给了英国凤凰财团,与另外一个古老的英国跑车 MG 品牌共同成立了 MG-Rover 公司,公司及厂房设在伯明翰的百年汽车生产圣地——长桥(Longbridge)。2005 年 7 月,中国南汽集团收购罗孚汽车公司。

罗孚集团生产的汽车产品分为越野车、轿车和 MG 跑车 3 类。

(一) 罗孚/路虎车标

罗孚(Rover)车标(图 3-73)初期采用"维京人"(Viking)即 8～10 世纪北欧海盗的头像作为标志。这些维京人乘船到处流浪,而"rover"一词的意思也是流浪者,直到 1930 年才改为大海盗船的船头雕像。

图 3-73　罗孚(Rover)车标

路虎越野车标(图 3-74)就是英文"LAND ROVER"。整个标志的主色调是绿色与乳白色。椭圆形的外形,象征我们生活着的地球。3 个环象征完美,有 2 种向外延伸的动感,内部有"LAND ROVER"字样,乳白色凸显于绿色之中,带给人一种纯净、素洁的感觉。而绿色的背景,由左上至右下由明到暗地渐变,展现出它独特的立体感,整个标志柔和、自然。

图 3-74　路虎车标

(二) MG 车标

威廉·莫利斯(Willian Morris)是"英国汽车工业之父",1910 年成为莫利斯汽车(Morris Garages,简称 MG)公司的老板。MG 公司以生产著名的 MG 系列敞篷跑车、小型跑车载誉世界车坛。后来,公司并入英国利兰汽车公司。2000 年,MG 公司与罗孚汽车公司合并为 MG - Rover 公司,是一家独立的英国汽车公司。

MG 车标(图 3-75)为八角形,象征着热情、忠诚。

图 3-75　MG 车标

(三) 迷你车标

1952 年,莫利斯汽车公司和奥斯丁(Austin)汽车公司合并组成了英国汽车公司(British Motor Corporation,简称 BMC)。由于 1956 年爆发的苏伊士运河危机,使英国的汽油供应紧张,BMC 公司决定生产一种比较经济省油的小型汽车。1957 年 3 月,当时的 BMC 公司安排亚历克·伊兹高尼(Alec Issigonis)(图 3-76)停止手头所有的工程,开始新车的设计。亚历克的设计出发点非常明确:用尺寸最小的汽车轻松搭载 4 个成人和一些行李物品。经过近 2 年的酝酿,1959 年 8 月 26 日,世界上第一辆迷你(Mini)从 BMC 的生产线上开下来了(图 3-77)。该车巧妙地将变速器与横置发动机的相对位置安排妥当,并采用前轮驱动,这样一来合理地利用空间，减少车体尺寸；此外，采用小得不能再小的10英寸车轮以及带橡胶材料的四轮独立悬挂系统，减少了部件的体积。

图 3-76　亚历克·伊兹高尼(Alec Issigonis)

图 3-77　第一代迷你车(1959)

1961年，赛车工程师约翰·库柏(John Cooper)将赛车血统注入汽车性能内，使实用别致的迷你小车摇身变成赛车场上的传奇，自此成为英国车坛之宝。Mini Cooper S 车(图 3-78)从1964年到1967年连续4年获得蒙地卡罗拉力赛的冠军。当时的英国，拥有财富的年轻人崇尚极度的个人自由，极其自信，迷你车的出现让不同阶层的人们找到了一种表达自我的方式。

1968年，BMC公司并入英国利兰汽车公司，Mini 车升级为 Mini MK III 车。1980年，利兰汽车公司改名为奥斯丁-莫利斯集团，Mini 车的名字也改成了 Austin Mini 车。

图 3-78　Mini Cooper S 车(1964)

1988 年,罗孚集团入主奥斯丁-莫利斯集团,Mini 车也从 Austin Mini 车改名成为 Rover Mini 车。

1994 年,宝马汽车公司控制了罗孚集团。宝马为 Mini 车投入近 3.6 亿欧元,重建了设在英国牛津的 Mini 车厂。2001 年,经过宝马重新设计的全新 Mini 车问世了。Mini 车系拥有了固定的 3 个车型:Mini One、Mini Cooper 和 Mini Cooper S。

迷你车使用过很多不同图案的车标,现在的车标(图 3-79)是由 1990 年的车标演变而来,是一个插上翅膀的车轮。

图 3-79　迷你(Mini)车标

(四) 莲花汽车公司及其车标

莲花(Lotus)汽车公司是世界上著名的运动汽车生产厂家,创始人是柯林·安索尼·巴尔斯·查普曼(Colin Anthony Bruce Chapman)(图 3-80)。1952 年 1 月 1 日,查普曼成立了莲花工程公司,开始制造该品牌汽车,并逐渐形成产业化生产。莲花车厂逐渐发展小批量生产,但并未放弃赛事。这两项业务到 1959 年才正式分开。1955 年停产的 MK Ⅳ 后来更名为莲花 Seven,查普曼一边在赛场上积累锦标冠军,一边不断研制独特的跑车。1957 年推出 Elite 跑车(图 3-81),1962 年推出 Elen 跑车,1965 年又推出一款 2+2 敞篷跑车,使其地位不断巩固。查普曼于 1982 年 12 月 16 日因心脏病去世，年仅 54 岁。查普曼虽然统领一个强大的工业联合体，但始终不是一个普通意义上的老板。直到他去世时，莲花品牌的所有车型都是由他亲自负责设计、制造。1982 年 2 月，通用汽车公司买下莲花汽车公司，致力于开发欧宝（Opel）/沃克斯豪尔（Vauxhall）汽车的欧洲市场。

莲花汽车公司主要产品有精灵（Esprit）、伊兰（Elan）、卓越（Excel）等运动跑车。

莲花车标（图 3-82）是在莲花的花蕊上除了"LOTUS"的英文字母外，还有 4 个字母"ACBC"重叠组成的图案，是莲花汽车公司的创始人安索尼·柯林·布鲁斯·查普曼（Anthony Colin Bruce Chapman）姓名全称的 4 个英文首字母。莲花象征着纯洁和永恒。

图 3-80　柯林·安索尼·巴尔斯·查普曼（Colin Anthony Bruce Chapman）

图 3-81　莲花 Elite 跑车（1957）

图 3-82　莲花车标

(五)阿斯顿-马丁汽车公司及其车标

阿斯顿-马丁(Aston Martin)汽车公司原是英国豪华轿车、跑车生产厂,创建于1913年,创始人是莱昂内尔·马丁(Lionel Martin)(图3-83)和罗伯特·班福德(Robert Bamford)(图3-84),公司设在英国新港(Gaydon)。以生产敞篷旅行车、赛车和限量生产的跑车而闻名于世。马丁是一个有钱的赛车手,班福德是一名工程师。1913年,两人合作开始制造高档赛车,公司当时的名称是马丁-班福德公司,1914年他们生产出自己的第一辆汽车。马丁曾驾驶自己制造的赛车在阿斯顿山(Aston Hill)举行的山地汽车赛中获胜,为了纪念胜利,1923年,马丁把公司及其产品都改名为阿斯顿-马丁。胜利带来荣誉却没能带来利润,公司业绩不佳被反复转卖。1947年,拖拉机制造商戴维·布朗(DavidBrown)收购了阿斯顿-马丁公司,成为阿斯顿-马丁公司历史上影响最大的主人。同年,他买下了另一家著名超级跑车拉贡达(Lagonda)公司,公司改名为阿斯顿-马丁-拉贡达(AstonMartin Lagonda)公司。戴维·布朗以他的名和姓前两个字母"DB"为公司的汽车命名,这一命名方法延续至今。20世纪60年代,阿斯顿-马丁曾有过一段辉煌的时期,但好景不长,公司很快又陷入了困境,负债累累。

图3-83 莱昂内尔·马丁
(Lionel Martin)

图3-84 罗伯特·班福德
(Robert Bamford)

1972年,戴维·布朗不得不把占有25年的公司出售。在这之后,公司又开始频繁更换主人,1987年,公司终于被美国福特公司相中,收购了75%的股份,1994年7月又收购了其余的股份,从此阿斯顿-马丁成为福特汽车公司的品牌之一。

阿斯顿-马丁品牌中最著名的车型有DB2、DB6、D137、Vantage等,其中DB7(图3-85)是该公司的拳头产品,具有浓郁的英国古典气质。

阿斯顿-马丁车标(图3-86)为一只展翅飞翔的大鹏,注有"ASTON MARTIN"字样,喻示该公司像大鹏一样,具有从天而降的冲刺速度和远大志向。

图 3-85　阿斯顿-马丁 DB7

图 3-86　阿斯顿-马丁车标

(六) 摩根汽车公司及其车标

1906 年,亨利·弗雷德里克·史坦利·摩根(Henry Frederick Stanley Morgan)在英国的梅尔文-伍斯特郡(Malvern Worcestershire)开设了汽车修理厂。1909 年,28 岁的摩根设计并制造了他的第一辆单座三轮汽车,由标致汽车公司生产的 5 kW(7 HP)发动机驱动。在参加了众多赛事并接受了大量订单后,摩根汽车有限公司(Morgan Motor Co. Ltd)于 1912 年宣告成立。摩根汽车中最具跑车色彩的是摩根 Plus 8(图 3-87)。该

图 3-87　摩根 Plus 8 跑车

车的外形并无特殊之处,但是因拥有一台 137 kW(184 HP)的强大发动机,行驶起来如电闪雷鸣。摩根 Plus 8 车身稍大些,可以让驾车者不致把胳膊伸到车厢外,该车问世于 1968 年,当年便参加了在爱丁堡举办的车赛。

摩根跑车的生产方式可以称得上是亘古不变。该车从悬挂装置到刹车轮毂的所有部件,都在本厂的车间内制造,而且使用的始终是同样的老机器。在钣金车间里,工人都是用双手直接剪裁钢板或铝板。一些焊接部位也是靠手工打磨。车身的油漆有时竟要 9 道工序才能完成。在装配车间里,细木工更是用手仔细雕刻由比利时进口的名贵木料,真皮的坐垫也是由缝纫工用老掉牙的缝纫机缝出来的。最后,由资深技工把整车开出去做测试。一辆摩根跑车的生产周期为五六个星期。

购买摩根跑车的英国人通常要等候 5 年。外国客户有优惠,也得等 1 年至一年半。对于摩根爱车族来说,长期等候本身也是一种享受。许多客户在等待交货期间往往都要到梅尔文市小住几次。先是来挑选车身的颜色和皮料的花纹,随后再来看自己订购的那辆车的制造进度,高兴的话还可以跟工人聊聊天,最后是选择黄道吉日从摩根家族人士的手中亲自领取车钥匙。

摩根车标(图 3-88)为"MORGAN"字样,在其两侧带展开的羽翼,寓意快速飞翔。

图 3-88 摩根车标

(七) 特威尔汽车公司及其车标

1947 年,英国工程师特威尔·维尔金森(Trevor Wilkinson)在他的阿维斯-火鸟(Alvis Firebird)底盘上设计了一种轻合金车身汽车。1949 年,他用福特的侧阀门发动机在自己的底盘上建造了第一辆特威尔汽车。1954 年正式成立 TVR 汽车公司,公司名称取自创始人特威尔(Trevor)中的 3 个字母。

1956 年,特威尔汽车开始销售到美国。1958 年,特威尔生产的格兰图拉(Grantura)轿车的销售十分旺盛。1966 年,特威尔公司的管理权逐渐落入马丁·利雷(Martin Lilley)之手。在他的成功运作下,特威尔公司随后几年发展很快,车型也不断更新,格兰图拉被雌狐(Vixen)代替,格里菲斯(Griffith)也升级为图斯堪(Tuscan)V8。1972 年,特威尔公司推出了 M 系列跑车,这款车在 20 世纪 70 年代相当成功,它的加速度甚至比保时捷 911Turbo 还快。1982 年,特威尔汽车被彼得·维尔(Peter Wheeler)接管。1987 年,S 系列跑车开始生产,特威尔汽车的历史又翻开了新的一页,其外形与 M 系列稍有相似,但价格更低,因而销量成倍增长。1993 年,格里菲斯 500(图 3-89)面世,引起了巨大的轰动,在第一次公开展览时,平均每 8 分钟就接到一张订单。

特威尔公司的基本车型主要有驰马拉(Chimaera)敞篷车,格里菲斯 500 和瑟伯拉(Cerbera)双门轿跑车,图斯堪和塔莫拉(Tamora)跑车等。

图 3-89　格里菲斯 500 跑车

特威尔车标(图 3-90)为公司创始人特威尔(Trevor)名字中的"TVR"3 个字母。

图 3-90　特威尔车标

课题五　意大利著名汽车公司及其车标

学习目标	鉴定标准	教学建议
（1）掌握意大利有哪些汽车品牌 （2）了解菲亚特车标的含义 （3）了解阿尔法-罗米欧车标的含义 （4）了解法拉利车标的含义 （5）了解兰博基尼车标的含义 （6）了解玛莎拉蒂车标的含义 （7）了解蓝旗亚车标的含义	应知： （1）菲亚特集团拥有菲亚特、蓝旗亚、阿巴特、法拉利、阿尔法·罗米欧、玛莎拉蒂等汽车品牌 （2）法拉利车标是一匹奔马，底色为公司所在地摩德纳的金丝雀颜色 （3）兰博基尼车标是一头愤怒的公牛	教具： （1）意大利著名汽车公司和汽车商标的图片及课件 （2）典型的名车图片或课件 建议： （1）避免孤立的讲授商标，要将公司、名车、商标联系起来 （2）组织学生参加车展，组织学生讨论——汽车和商标评价

续表

学习目标	鉴定标准	教学建议
（8）掌握意大利著名汽车公司或分部名称、车名的英语写法或口译	玛莎拉蒂车标是在树叶形的底座上放置的一件三叉戟，相传是罗马神话中的海神纳普秋手中的武器 蓝旗亚"Lancia"在意大语中的意思是"长矛"，车标以长矛作为画面的主题 应会 （1）车标识别，相关知识的文献检索、写作、讲演，具有汽车介绍和评价的能力 （2）应掌握每个著名汽车公司或分部名称、车名的英译写法和口译	（3）讲授意大利著名汽车公司或分部名称、车名的英译写法和口译

一、菲亚特汽车公司及其车标

菲亚特汽车股份有限公司是意大利最大的汽车公司，也是菲亚特集团的重要成员。1899年7月，乔瓦尼·阿涅利(Giovanni Agnelli)(图3-91)在意大利都灵市创建了这个家族式企业——都灵意大利汽车厂。当时只有50多名工人，用手工生产发动机功率为2.2～4.4 kW的小型轿车，它是世界上最早生产小型轿车的汽车厂，至今仍以生产小型轿车为主。1967～1969年期间，菲亚特汽车公司先后收购了奥姆、阿巴斯、奥托比安希、兰西亚、法拉利5家小公司；1987年收购了阿尔法·罗密欧；1989年又收购了玛西拉蒂、英诺森蒂两家公司的股份。

图3-91 乔瓦尼·阿涅利(Giovanni Agnelli)

菲亚特集团汽车部雇员约27万人，在100多个国家有子公司和销售机构。其轿车部门主要有菲亚特、法拉利、阿尔法和兰西亚等公司。工程车辆公司有依维柯公司。菲亚特汽车集团是意大利最大的综合工商金融企业集团，它是所有汽车公司中涉足其他领域最多的汽车集团。在意大利，它几乎垄断了汽车、拖拉机、工程机械、飞机制造、生物工程和土木工程、能源工程等许多技术生产领域，并在全世界开办了许多分支机构。

菲亚特公司的标志和车标几经变迁(图3-92)。最初是盾型标志，自1899年创立意大利都灵汽车公司时开始使用。1901年开始采用公司全称4个单词的第一个大写字母"FIAT"为商标，其后车标外形不断变化。1921年出现圆形FIAT车标；1931年开始使用方形车标FI-AT；1968年采用斜体"FIAT"4个字母分开的标识；1991年使用5根短柱斜置平行排列的新商标；从1999年菲亚特公司成立100周年起，又统一采用圆形FIAT车标。

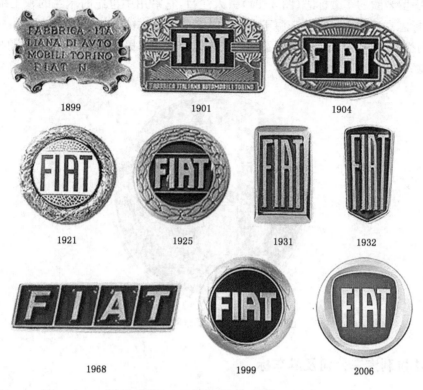

图 3-92 菲亚特车标的演变

二、阿尔法-罗米欧汽车公司及其车标

尤高·扎卡图(Ugo Zagato)于1910年6月24日创立了 Anomina Lombarda Fabbrica Automobile 车厂,而以字首缩写"ALFA"(阿尔法)为厂名,制造轿车及跑车。第一辆 ALFA 车是由工程师基瑟普·米洛斯(Giuseppe Merosi)设计的,发动机为4缸18 kW(24 HP)汽油机。1915年,尼古拉·罗米欧(Nicola Romeo)(图3-93)加入阿尔法车厂经营。

尼古拉·罗米欧于1918年掌握经营大权后,将车厂更名为"阿尔法-罗米欧",而创建车厂的扎卡图仍领着儿子艾罗(Ello)为车厂效命,后来孙子安德利亚(Andrea)长大后,也加入阿尔法-罗米欧汽车的生产。如此精致的人文关怀,使得菲亚特集团在购并阿尔法-罗米欧车厂后,仍然大力维护其传承的高性能形象及无以取代的风格。

图 3-93 尼古拉·罗米欧 (Nicola Romeo)

阿尔法-罗米欧公司总部设在意大利米兰。该公司一开始就是专门生产运动车和赛车,这些车是由意大利著名设计师设计的,有浓烈的意大利风采、优雅的造型和超群的性能,在世界车坛上一直享有很高的声誉。现虽为菲亚特集团的子公司,但仍保留它的车标。

阿尔法-罗米欧的车徽标志(图3-94)引人注目,它沿用中世纪时米兰的领主维斯康泰公爵的家徽,标志左边的十字部分来源于十字军从米兰向外远征的故事,右边刻绘了一条正在吞食撒拉逊的蛇,它象征着领主维斯康泰的祖先击退使城市人民遭受苦难的"巨蛇"的传说,这个标志也是意大利米兰市的市徽。

图3-94 阿尔法-罗米欧车标演变

三、法拉利汽车公司及其车标

法拉利(Ferrari)汽车公司是世界上最闻名的赛车和运动跑车的生产厂家,创建于1929年,最早是赛车俱乐部,即法拉利车队的前身,创始人是世界赛车冠军、汽车设计大师恩佐·法拉利(Enzo Ferrari)。法拉利汽车公司现为菲亚特集团的子公司,菲亚特集团拥有该公司50%股权,但该公司却能独立于菲亚特运营。法拉利汽车大部分采用手工制造,年产量只有4 000辆左右,公司总部在意大利的摩德纳(Modena)。

1923年,恩佐·法拉利在赢得拉文纳车赛后,遇到了一对叫巴里卡(Baracca)的夫妇,巴里卡在当时的意大利可是个如雷贯耳的名字。弗朗希斯科·巴里卡(Francesco Baracca)是一战时期意大利享誉全国的王牌飞行员,恩佐遇到的是他的父母。巴里卡夫妇看到恩佐后,对这个行为怪异的小伙子很有好感,他们建议恩佐把弗朗希斯科生前的爱马画在他的赛车上。这是一个恩佐很难拒绝的要求,结果也是恩佐始料不及的,因为它给法拉利公司带来的好运已经几乎持续了一个世纪。

图3-95 法拉利车标

恩佐·法拉利在1929年开始把这匹马印在了公司所有的文件和正式出版物上,但由于当时和阿尔法-罗米欧汽车公司的从属关系,直到1932年,奔马才出现在法拉利赛车上,并一直延续至今。车标底色为公司所在地摩德纳的金丝雀颜色。在法拉利生产的所有跑车上,都可以看到这个标志(图3-95),但那种拥有盾形背景的奔马,只被授权在法拉利公司的F1和GT赛车队中使用(图3-96)。

图 3-96　法拉利 F1 赛车

四、兰博基尼汽车公司及其车标

兰博基尼（Lamborghini）公司的前身是一家生产拖拉机的工厂。在生产拖拉机获得丰厚利润的基础上，弗鲁西欧·兰博基尼（Ferruccio Lamborghini）开始生产汽车，并成立了兰博基尼汽车公司，在著名的汽车设计大师马赛罗·甘迪尼的主持下，兰博基尼汽车公司推出了著名的康塔什经典跑车（图 3-97）。公司虽然受到了石油危机的冲击曾一度陷入困境，但到了 1980 年，意大利商人米兰姆收购了公司之后，公司取得了前所未有的巨大发展。克莱斯勒公司于 1987 年斥资 6 500 万美元买下兰博基尼公司，利用其先进的跑车技术开发新产品。1993 年，兰博基尼公司卖给了印度尼西亚的梅佳-泰克财团。2001 年，兰博基尼公司再次被大众奥迪汽车公司收购，重新获得了新的活力和腾飞的机会。

图 3-97　兰博基尼康塔什 Countach LP400（1974—1978）

兰博基尼车标(图 3-98)是一头愤怒的公牛。据说这个标志体现了创始人兰博基尼不甘示弱的牛脾气特性,同时又符合该公司大功率高速运动车的特性。关于兰博基尼还有一个很有趣的故事,这个著名的跑车居然是因为两个人之间的赌气而造出来的。当时,弗鲁西欧·兰博基尼在意大利是一位颇具商誉的农耕机制造商,他是个标准的法拉利车迷,拥有多辆法拉利跑车。但是,他总觉得法拉利跑车的变速器无法与强劲的发动机同步搭配,而失去许多完美表现的良机。在一次偶然的机会中,兰博基尼巧遇法拉利公司的老板恩佐,于是热心地提出自己的看法。不料,恩佐眼皮也没抬地回答说:"我想用不着一个农耕机制造者来告诉我如何造车吧!"受此强烈打击,兰博基尼立志以法拉利跑车为假想敌,立即着手打造超越法拉利的超级跑车。

图 3-98　兰博基尼车标

五、玛莎拉蒂汽车公司及其车标

玛莎拉蒂(Maserati)汽车公司具有悠久的历史,其家族四兄弟于 1914 年在意大利科隆拿成立了玛莎拉蒂公司,并于 1926 年生产了第一辆汽车 Tipo 26(图 3-99),创始人阿菲瑞·玛莎拉蒂(Alfieri Maserati)披甲上阵,亲自驾驶 Tipo 26 型汽车参加了汽车比赛并赢得了奖项。此后玛莎拉蒂家族陆续设计并生产了多款型号的赛车,参加国际性汽车比赛屡获殊荣,令世人刮目相看。归属菲亚特旗下后,着重开拓国际市场。目前,玛莎拉蒂汽车的主要市场在欧洲,其中意大利占了大半。

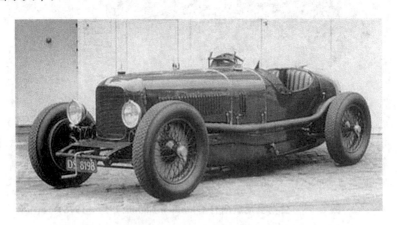

图 3-99　玛莎拉蒂(Maserati) Tipo 26(1926)

玛莎拉蒂汽车有一个与其他汽车的不同之处，就是它同时具有轿车和跑车的特点。说它是跑车，因为它具有跑车的功率、装置和特有的造型；说它是轿车，因为它具有轿车的四门车厢和豪华非凡的内装饰。因此人们只有创立一个新的名词来称呼它，即"轿跑车"。玛莎拉蒂运动车在造型设计上，将自己的传统风格与流行款式相结合，在外观造型、机械性能、舒适、安全性等各方面，在运动车中都是一流的。

1975年曾与德-托马索轿车公司联合，但仍保持各自的独立性。1989年，几经周折，最终成为菲亚特集团的子公司，但仍然保留自己的品牌。

玛莎拉蒂车标（图3-100）是在树叶形的底座上放置的一件三叉戟，这是公司所在地意大利博洛尼亚（Bologna）市的市徽，相传是罗马神话中的海神纳普秋手中的武器，显示出海神巨大无比的威力。该车标表示玛莎拉蒂汽车公司及其汽车像浩渺无垠的大海咆哮澎湃，隐喻了玛莎拉蒂汽车快速奔跑的潜力。

图3-100　玛莎拉蒂车标

六、蓝旗亚汽车公司及其车标

蓝旗亚（Lancia）汽车公司是由文森佐·蓝旗亚（Vincenzo Lancia）（图3-101）创立的，他在成立自己的公司之前一直为菲亚特汽车公司工作。1907年，蓝旗亚首次推出的车型Alpha（图3-102）的高性能在当时就已经是令人惊叹了。1922年推出的Lambda车型（图3-103），以其两大技术创新当之无愧成为最具有革命性的车型：一个具有承重能力的车身和一个独立的前悬架。几十年来，蓝旗亚公司不仅生产小汽车，同时也制造卡车。蓝旗亚汽车在众多爱车族的眼中意味着健康、向上的生活品质，是一种颇具贵族气质的轿车。对驾驶员和乘客需求的满足、轻松的驾驶、优雅的造型和尖端的技术都是蓝旗亚汽车不尽的追求。多年来，蓝旗亚公司凭借自己的创造力和制造技术生产出了许多创造历史的车型，将所处时代的新技术、卓越的气质以及杰出的生活方式结合在一起，从而成为时代的俊杰。

图3-101　文森佐·蓝旗亚（Vincenzo Lancia）

"Lancia"在意大语中的意思是"长矛"。蓝旗亚车标（图3-104）

图 3-102　蓝旗亚(Lancia)Alpha (1907)

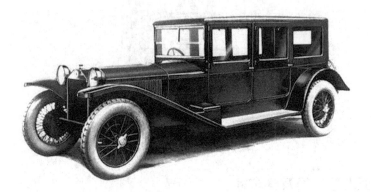

图 3-103　蓝旗亚(Lancia)Lambda(1922)

以长矛作为画面的主题,代表了企业奋斗的精神,加上旗帜上的公司英文 LANCIA 名称,简洁地体现了蓝旗亚的全部意义,表现出蓝旗亚汽车公司争强好胜、勇于拼搏与创业的精神。

图 3-104　蓝旗亚车标

课题六　日本著名汽车公司及其车标

学习目标	鉴定标准	教学建议
（1）掌握丰田汽车公司有哪些汽车品牌 （2）了解丰田车标的含义 （3）了解凌志车标的含义 （4）掌握日产汽车公司有哪些汽车品牌 （5）掌握本田汽车公司有哪些汽车品牌 （6）了解马自达车标的含义 （7）了解三菱车标的含义 （8）了解富士重工汽车公司有哪些汽车品牌 （9）掌握日本著名汽车公司或分部名称、车名的英语写法或口译	应知： （1）丰田汽车公司旗下拥有丰田、凌志、大发、新贵等汽车品牌 （2）丰田车标是3个椭圆组成的左右对称的结构 （3）日产公司无限（又译为英菲尼迪）部类似丰田公司凌志部，专门开发豪华品牌轿车 （4）阿库拉部是本田汽车公司的高级豪华轿车分部 （5）富士重工属下的速波（又译为斯巴鲁）汽车公司拥有速波、力狮、翼豹、森林人等汽车品牌 应会： （1）车标识别，相关知识的文献检索、写作、讲演，具有汽车介绍和评价的能力 （2）应掌握每个著名汽车公司或分部名称、车名的英译写法和口译	教具： （1）日本著名汽车公司和汽车商标的图片及课件 （2）典型的名车图片或课件 建议： （1）避免孤立的讲授商标，要将公司、名车、商标联系起来 （2）组织学生参加车展，组织学生讨论——汽车和商标评价 （3）讲授日本著名汽车公司或分部名称、车名的英译写法和口译

一、丰田汽车公司及其车标

丰田（Toyota）汽车公司是日本第一大汽车公司，创立于1933年，现在已发展成为以汽车生产为主，业务涉及机械、电子、金融等行业的庞大工业集团，总部设在东京。

丰田公司早期以制造纺织机械为主，创始人丰田喜一郎（Toyoda）1933年在纺织机械制作所设立汽车部，从而开始了丰田汽车公司制造汽车的历史。1935年，丰田A1型汽车试制成功（图3-105）。1937年8月正式成立丰田汽车工业公司。但在整个20世纪30年代和40年代

图3-105　丰田A1型汽车(1935)

公司发展缓慢,只是到了二战之后,丰田汽车公司才加快了发展步伐。丰田公司通过引进欧美技术,在美国汽车技术专家和管理专家的指导下,很快掌握了先进的汽车生产和管理技术,并根据日本民族的特点,创建了著名的"丰田生产方式"管理模式,并不断加以完善提高,大大提高了工厂生产效率。丰田汽车产品在 20 世纪 60 年代末大量涌入北美市场。进入 20 世纪 80 年代,丰田汽车公司开始了全面走向世界的国际战略,产销量直线上升。到 20 世纪 90 年代初,击败美国福特汽车公司,汽车产量名列世界第二。

丰田汽车公司旗下拥有丰田、凌志、大发、新贵等汽车品牌。

(一)丰田车标

丰田车标(图 3-106)是 3 个椭圆组成的左右对称的结构,椭圆具有两个中心,表示汽车制造商与顾客心心相印。大椭圆代表地球,横竖两个小椭圆组合在一起,形似丰田(Toyota)的第一个字母"T"。背后的空间表示丰田公司的先进技术在世界范围内拓展延伸,面向未来、面向宇宙不断飞翔。

图 3-106　丰田车标

(二)凌志车标

凌志(Lexus)(又译为雷克萨斯)是丰田汽车公司在 20 世纪 80 年代末推出的豪华轿车品牌。凌志车标(图 3-107)是在一个椭圆中镶嵌英文"Lexus"的第一个大写字母"L",喻示该车驰骋在世界各地的道路上。

图 3-107　凌志车标

(三)新贵车标

新贵(Scion)是北美丰田(Toyota Motor Sales,USA)继丰田、凌志之后,旗下拥有的第三个品牌(图 3-108)。新贵(Scion)代表的是个人化汽车时代的来临,每一位车主将有机会体验到新贵精心设计的个人化购车流程,以及买到一部与众不同的个人化新贵汽车。

图 3-108 新贵(Scion)车标

二、日产汽车公司及其车标

1933 年 12 月,日本产业公司、户田铸物公司注册成立汽车制造股份公司,鲇川义介(Aikawa Yoshisuke)(图 3-109)成为公司首任社长。1934 年 5 月,汽车制造股份公司更名为日产(Nissan,又译为尼桑)汽车公司,同时日本产业公司接收了户田铸物持有的日产汽车公司的全部股份。日产汽车最早生产的汽车其实就是原户田铸物汽车部大阪工厂生产的产品,是一款名为达特桑(DATSUN)的小型货车。此后,日产汽车公司又利用自身的研发力量开发了名为达特桑的轿车。1934 年,日产公司开始横滨新工厂的建设,并在日本汽车企业中率先实现流水线生产。1947 年以后,日产公司逐步走上快速发展轨道,一方面从国外引进吸收大量的汽车技术开发自己的产品;另一方面将自己生产的产品不断输往海外市场,并在海外设厂实现本地化生产。1947 年以后的 40 余年,是日产公司

图 3-109 鲇川义介
(Aikawa Yoshisuke)

突飞猛进的发展时期,在这一时期,日产汽车成为日本仅次于丰田公司的第二大汽车制造商。整个 20 世纪 90 年代,由于市场的放缓以及产品自身方面的原因,日产汽车公司出现了连续多年的亏损,并被本田汽车公司超过。1999 年,法国雷诺汽车公司购得日产汽车 36.8% 的股份,组建雷诺日产汽车联盟。

日产汽车公司在全球范围内拥有轿车、越野车、MPV 和商用车在内的 30 多个系列产品,其中轿车有总统、无限、风雅、天籁、公爵、风度、蓝鸟、阳光和 Z 系列等,越野车产品包括途乐(Patrol)、奇骏(X-trail)和开创者(Pathfinder)等,MPV 有贵士(Quest)。

(一)日产车标

日产车标(图 3-110)早期采用圆形红色为底色,中间是日产的英文名字"NISSAN",这个标志既表明了公司的名称,又突出了公司所在国家日本的形象。新车标的整个底色为银灰色,实心圆形变为环形标识。

汽车文化

图 3-110　日产车标

（二）无限车标

日产公司无限（Infiniti）（又译为英菲尼迪）部类似丰田公司凌志部，专门开发豪华品牌轿车（图 3-111）。日产无限汽车采用后轮驱动，豪华程度与日产总统牌（日本皇室人员用车）如出一辙，其安全性能和装配质量极高，驾乘极为舒适。

图 3-111　无限车标

三、本田汽车公司及其车标

图 3-112　本田宗一郎
(Soichiro Honda)

本田（Honda）汽车公司的全称是本田技研工业株式会社，是日本第三大汽车制造厂家，公司总部设在东京。1946 年，本田宗一郎（Soichiro Honda）（图 3-112）在滨松市山下町创建本田技术研究所，生产摩托车发动机。1948 年，本田技研工业株式会社成立，并于第二年开始生产摩托车，成为世界上较大的摩托车生产厂家之一。1963 年开始生产 S 500 跑车（图 3-113）和 T 360 货车，且后来者居上，市场份额不断上升，成为世界上发展最快的汽车制造厂之一。除汽车、摩托车之外，公司还生产发电机、农机等动力机械产品。

本田公司素有日本汽车技术发展的排头兵之称。在技术开发和研究上，创始人本田宗一郎舍得花大本钱，因而科技成果颇丰。本田公司的电子导航仪是世界上最先应用在汽车上的导航装置。四轮防侧滑电子控制器、自动控制车身高度电子装置和发

图 3-113 本田(Honda)S 500(1963)

动机复合涡流控制燃烧(Compound Vortex Controlled Combustion,简称 CVCC)系统都是世界上汽车高技术的领先成果。

本田公司拥有雅阁(Accord)、思域(Civic)、奥德赛(Odyssey)、飞度(Fit)以及本田 NSX、S 2000 等汽车品牌。摩托车拥有从 50 mL 到 1 800 mL 等各排量、各级别的产品。

(一) 本田车标

本田公司在 20 世纪 80 年代成立了商标设计研究组,从来自世界各地的 2 500 多件设计图稿中,确定了现在的三弦音箱式车标(图 3-114),也就是带框的"H",图案中的"H"是本田 Honda 的第一个字母。这个标志体现出技术创新、职工完美和经营坚实的特点,同时还有紧张感和可以放松一下的轻松感。

图 3-114 本田车标

（二）阿库拉车标

阿库拉（Acura）部是本田汽车公司1986年组建的高级豪华轿车分部，其产品主要出口欧美地区。阿库拉部有专用车名阿库拉（Acura）（又译为极品）和专用的车标，以避免本田车标廉价的感觉。阿库拉车标（图3-115）是英文字母"A"的变形，犹如一把卡钳；与本田车标"H"也有相似之处。

图3-115　阿库拉车标

四、马自达汽车公司及其车标

马自达（Mazda）汽车公司的前身是1920年在广岛成立的东洋软木工业公司（ToyoCork Kogyo Co. Ltd），其总裁是松田重次郎（Jujiro Matsuda）（图3-116）。由于马自达的创办人是松田，其英文"Matsuda"与"Mazda"（拜火教）读音相近，所以公司采用了"Mazda"这种拼法。

马自达公司于1921年改为制造机器。1923年东京大地震后，城市交通出现问题，公司开始制造摩托车。1927年公司改名为东洋工业公司。1930年开始设计生产小型三轮载货汽车，1931年投产。1950年开始生产四轮载货汽车。1960年开始进入轿车生产。1984年开始用马自达汽车公司（Mazda Motor Corp）这个名字。马自达汽车公司有着非常完备的产品线，涉及经济型轿车、越野车、跑车等各种车型，其中家庭用车一直占据主导地位。

图3-116　松田重次郎（Jujiro Matsuda）

马自达汽车公司还以生产跑车而闻名于世，在汽车发动机方面的创新更加令业界瞩目。迄今为止，马自达公司仍然是全球各大汽车厂商中唯一将转子发动机汽车投入批量生产的汽车制造商，最新RX-8跑车（图3-117）就是采用新一代"Renesis"双转子涡轮增压发动机作为动力。

1992年，美国福特汽车公司获得马自达汽车公司33.4%的股权。

1998年，马自达汽车公司开始采用新车标（图3-118），即变形飞翔的英文字母"M"——

"Mazda"的第一个字母,也是一只展翅飞翔的雄鹰,翱翔中的双翅寓意马自达腾飞的未来和勇攀汽车技术高峰。

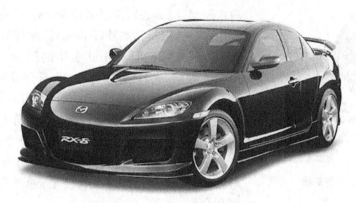

图 3-117　马自达(Mazda)RX-8 跑车

图 3-118　马自达车标

五、三菱汽车公司及其车标

三菱(Mitsubishi)汽车公司的前身是岩琦弥太郎(Yataro Iwasaki)(图 3-119)于 1870 年创建的 99 商会,并于 1873 年改称为三菱商会(Mitsubishi Shokai)。三菱公司是日本汽车工业的先锋。1917 年,生产出日本第一辆 A 型轿车。1935 年,生产出日本第一辆柴油客车扶桑 BD 46。1970 年,在三菱重工业公司和美国克莱斯勒公司共同出资下,成立了三菱汽车股份有限公司(Mitsubishi Motors Corporation),总部设在东京都。三菱汽车公司在日本国内有 10 个生产厂、2 个轿车研究中心和 1 个载货车、客车研究中心,国外有 25 个生产厂。主要产品有微型轿车和载货汽车、小型轿车和载货车、中重型载货车、厢式车、客车、运动车、发动机和其他零部件等。

图 3-119　岩琦弥太郎(Yataro Iwasaki)

三菱汽车公司注意技术开发和新技术的采用,以提高产品的竞争力,如在 1995 年率先成功开发商用节能型稀燃汽油缸内直喷(GDI)发动机。

三菱汽车公司拥有格兰特(Galant)、兰瑟(Lancer)、海市厘楼(Mirage)、米尼卡(Minica)、欧蓝德(Outlander)等轿车品牌以及帕杰罗(Pajero)等越野车品牌。

三菱车标已具有 100 多年的历史,从 1873 年三菱集团的创始人岩琦弥太郎将 99 商会改称为三菱商会时就开始使用,并于 1917 年注册。"Mitsubishi"一词的意思就是三菱(即 3 个菱形),这是三菱车厂创始人家族的徽号,从几世纪前的 3 片树叶演变成今天的 3 个菱形。红色三菱车标(图 3-120)表达了公司的 3 个原则:承担对社会的共同责任;诚实与公平;通过贸易促进国际谅解和合作。

图 3-120　三菱车标

六、富士汽车公司及其车标

富士(Fuji)重工业株式会社的前身是创立于 1917 年的飞机研究所,因制造飞机得以快速发展,随后公司发挥其技术特长逐渐形成了汽车、航空、产业机械、运输机械四大部门。1958 年,富士重工响应日本政府生产家庭用车的号召,生产了第一款微型轿车速波(Subaru)360(图 3-121),但这一时期其汽车产品还没有形成自己的特点,直到 1972 年,富士重工终于确定了其汽车产品的发展方向,生产了第一辆力昂(LEONE)四轮驱动轿车(图 3-122)。

图 3-121　速波 Subaru 360(1958)

高性能的水平对置发动机加四轮驱动已经成为富士重工最鲜明的技术特色,其四轮驱动系统经过 20 多年的不断完善以及通过世界各地严酷的路况行驶试验,性能和质量不断得到提高。由于其产品的鲜明特点,在全球汽车公司强强联合的大趋势下,富士重工被世界第一大汽车公司美国通用汽车公司看好。1999 年 12 月 10 日,通用公司花费 1 430 亿日元购买了富士

图 3-122　力昂 Leone Estate Van(1972)

重工 20% 的股份,使得富士重工和通用公司结成了广泛的战略联盟,在汽车设计、开发、生产及相关技术方面进行合作。

富士重工属下的速波(Subaru,又译为斯巴鲁)汽车公司拥有速波(Subaru)、力狮(Legacy)、翼豹(Impreza)、森林人(Forester)等汽车品牌。

速波车标(图 3-123)图形是一个蓝底黄边的椭圆形。椭圆中的 6 颗闪闪发光的星星是牧牛星座昴宿星团中 6 颗闪亮的星星,象征富士重工于 1955 年合并其他 5 家公司后组建而成,同时也象征着公司间紧密团结、共同奋进的精神。

图 3-123　速波(斯巴鲁)车标

七、铃木汽车公司及其车标

铃木汽车有限公司(Suzuki Motor Corporation)的总部设在日本静冈县滨松市,其前身是 1909 年创立的铃木织布机工厂(Suzuki Loom Works);1952 年开始生产摩托车;1954 年更名为铃木汽车有限公司;1955 年开始批量生产 Suzulight 牌汽车(图 3-124)。

铃木汽车公司主要是以生产日本当地称为"轻型自动车"的小型车与中小型的越野车著称。而在国际市场上,铃木公司是美国通用汽车公司的合作伙伴之一,旗下有几款小轿车和越野车是与通用公司旗下的雪佛兰(Chevrolet)品牌共享技术。作为家庭用车而深受日本人喜爱的铃木微型汽车,其销量一直居于日本国内首位,充分显示了铃木公司在小排量汽车制造方

图 3-124　铃木 Suzulight 牌汽车（1955）

面的雄厚实力。

　　铃木汽车公司包括 7 个工厂，汽车生产集团在湖西工厂和磐田工厂，主要生产微型及小型轿车、面包车、吉普车和货车；相良工厂为汽车发动机厂；丰川工厂负责摩托车的生产；总社工厂负责摩托车发动机的制造。

　　铃木汽车公司拥有奥托（Alto）、依妮诗（Ignis）、雨燕（Swift）、莲那（Liana）、维罗纳（Verona）、百乐（Baleno）等轿车品牌和吉米（Jimmy）等越野车品牌。

　　铃木车标（图 3-125）图案中的"S"是铃木"Suzuki"的第一个字母，这种设计给人以力量的感觉，象征着发展中的铃木。

图 3-125　铃木车标

八、五十铃汽车公司及其车标

　　早在 1918 年，五十铃（Isuzu）汽车公司的前身东京石川岛造船所（Tokyo lshikawajima Shipbuilding c& Engineering Co. Ltd）就与英国沃尔斯利汽车公司（Wolseley Motor Company）合作，从 1922 年起开始生产沃尔斯利（Wolseley）A9 型小轿车，2 年后生产沃尔斯利 CP 货车。1933 年，东京石川岛造船所的汽车制造厂与达特（Dot）汽车公司合并为汽车工业公司，1949 年改名为五十铃汽车公司，总部设在东京。五十铃汽车公司主要生产载重汽车、客车、越野汽车等，其中载重汽车占 70% 以上。

　　五十铃汽车公司的知名产品是柴油机。公司于 1934 年就开始试生产柴油机，并首先应用在大客车上。20世纪40—50年代,日本大部分柴油载重车的发动机是五十铃汽车公司生产的。五十铃公司与美国通用公司关系密切。1971年,通用公司收购五十铃公司34.2%的股份。目前,通用公司已持有五十铃公司49%的股份。五十铃汽车公司在1993年停止生产轿车,专门生产载重汽车、越野汽车和客车,主要出口车辆种类是载重汽车和军用越野吉普车。

五十铃汽车是以日本五十铃河而得名的。五十铃车标(图3-126)于1974年采用,两根上升的大柱象征五十铃汽车与顾客和社会和谐相处的理念。红色是太阳的火焰,也是五十铃不断进取的标志。

图3-126　五十铃车标

课题七　韩国著名汽车公司及其车标

学习目标	鉴定标准	教学建议
(1) 了解现代车标的含义 (2) 了解大宇车标的含义 (3) 了解起亚车标的含义 (4) 了解双龙车标的含义 (5) 掌握韩国著名汽车公司或分部名称、车名的英语写法或口译	应知: (1) 现代车标是在椭圆中采用斜体字"H",是现代英文名"Hyundai"的第一个大写字母 (2) 起亚车标是起亚的名字,英文"KIA",源自汉语,"起"代表起来,"亚"代表在亚洲 应会: (1) 车标识别,相关知识的文献检索、写作、讲演,具有汽车介绍和评价的能力 (2) 应掌握每个著名汽车公司或分部名称、车名的英译写法和口译	教具: (1) 韩国著名汽车公司和汽车商标的图片及课件 (2) 典型的名车图片或课件 建议: (1) 避免孤立的讲授商标,要将公司、名车、商标联系起来 (2) 组织学生参加车展,组织学生讨论——汽车和商标评价 (3) 讲授韩国著名汽车公司或分部名称、车名的英译写法和口译

一、现代汽车公司及其车标

现代(Hyundai)汽车公司是韩国第一大汽车公司,2001年在美国市场排名第七。与全球其他领先的汽车公司相比,创立于1967年的现代汽车历史很短。但它的历程却浓缩了汽车产业的发展史——它从建立工厂到能够独立自主开发车型只用了18年(1967—1985)。

1976年,全世界最大的汽车市场——北美地区,突然窜出一匹亮丽的黑马——韩国现代车厂产制的小马(Pony)轿车(图3-127),平滑的车身配置1.238 L及1.439 L两款引擎,以5 900美元的空前超低价位切入北美最基层车市,引发消费及产业界的极度震撼,也为现代车厂打响了名号。制造这起爆炸性销售风潮的是现代企业集团的统帅——郑周永(图3-128)。

出生在现属朝鲜的江原道通川郡贫农家庭的郑周永,小学毕业后即四处打工谋生,起初是做手推车工过活,至1942年,用不多的资金开办了一家汽车修理厂。如今,郑周永拥有43家关系企业，15.5万名员工，年营业额达512亿美元（现代汽车为92亿美元），除汽车、建设等核心企业，还包括造船、重电机械、电子等关系企业。

图3-127　小马（Pony）牌小轿车（1976）

现代车厂现今行销世界128个国家和地区的车款有卓越（Exc-el）、伊兰特（Elantra）、索纳塔（Sonata）及与伊兰特共用平台的酷派（coupe）跑车4种车型。而伊兰特车款曾勇夺1992年、1993年澳洲越野大赛量产车组的冠军，并得到英国汽车专业杂志"What Car"最值得购买的中型房车荣衔；卓越则入选1994年美国汽车年鉴（Car Book）最佳安全小型房车；索纳塔于1993年初登上中国大陆，1～5月就卖出了4万辆。

1998年，现代汽车公司并购韩国起亚（KIA）汽车公司。2000年，现代汽车在中国设立了现代、起亚"中国本部"，着力开拓中国市场。2002年，现代汽车与北京汽车工业控股有限责任公司合资建立了北京现代汽车有限公司，并且得到了国家相关部委和北京市的全力支持。从1967年至今，相比我们了解的百年老品牌，现代汽车实在是太年轻了，但是就是这个初生牛犊让我们看到了韩国汽车在世界汽车工业上的希望与地位。

图3-128　郑周永

现代车标（图3-129）是在椭圆中采用斜体字"H"，是现代英文名"Hyundai"的第一个大写字母。车标体现了腾飞的现代汽车公司这一概念；还象征现代汽车公司在和谐与稳定中发展。车标中的椭圆既代表汽车的方向盘，又可以看作是地球，与其间的"H"结合在一起恰好代表了现代汽车遍布全世界的意思。

图3-129　现代车标

二、大宇汽车公司及其车标

大宇(Daewoo)汽车公司是韩国第二大汽车生产企业。1967年,金宇中(Kim Woo Choong)(图3-130)创建新韩公司,后改为新进公司,1983年改为大宇汽车公司,公司总部设在韩国首尔,主要产品为轿车和货车。大宇公司与美国通用汽车公司关系密切,在创业之初便与通用公司合作生产轿车和8 t以上货车及大客车。大宇公司以出口为目标,在韩国是最早出口汽车的企业,早在1984年就出口汽车到美国。随着同通用汽车公司合资的结束,大宇公司开始建立自己在全球的生产网络。1986年,大宇汽车公司年产16.7万辆的汽车厂投产,该厂拥有机器人操作的自动焊接等世界一流设备。然而,由于经营不善,资不抵债,大宇汽车公司自从其母公司大宇集团在1999年11月破产后一直在巨额债务中挣扎,于2000年11月8日宣布破产。

图3-130 金宇中

通用汽车公司(控股42.1%)联合中国上汽集团(控股10%)于2002年10月28日收购大宇汽车公司,在韩国首尔正式宣布成立通用大宇汽车科技公司(简称通用大宇)。通用大宇新公司总部位于韩国仁川,旗下拥有并管理3家分别位于韩国的昌原、群山及越南河内的生产厂。

大宇汽车公司拥有蓝龙(Lanos)、典雅(Leganza)、雷佐(Rezzo)、马蒂兹(Matiz)和美男爵(Magnus)等汽车品牌。

大宇汽车公司及其生产的汽车使用形似地球和正在开放的花朵作为标志(图3-131a)。象征高速公路大动脉向未来无限延伸,表现了大宇汽车的未来和发展意志。椭圆代表世界、宇宙,向上绽开的花朵体现了大宇家族的创造力、挑战意识,中部5个蓝色的实体条纹和之间的6条白色条纹,表示大宇在众多领域无限发展的潜力,蓝色代表年轻、活泼,而白色则代表同心协力和牺牲精神。整个标志表现了大宇家族的智慧、创造、挑战、牺牲的企业精神,表现出大宇集团的儒家风范。大宇汽车公司被通用汽车公司收购后采用新车标(图3-131b),即原车标蓝底色变为银灰色,花朵简化为3条纹。

(a)

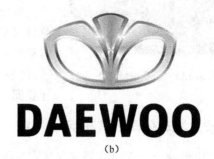
(b)

图3-131 大宇车标

三、起亚汽车公司及其车标

起亚(KIA)汽车公司成立于1944年12月,是韩国最早的汽车制造商。

1952年3月,还处于"婴儿"时期的起亚制造出韩国第一辆自行车,名为三千里号。1961年10月,起亚终于制造出 c-100 摩托车,韩国的摩托车工业从此诞生。1973年,起亚生产出韩国第一台汽油发动机,并于 1974 年 10 月生产出韩国第一部乘用轿车布瑞莎(Brisa)(图 3-132)。后来 Brisa 汽车成为了韩国首列汽车出口品牌,出口中东。

图 3-132　布瑞莎(Brisa)(1974)

起亚集团有两个汽车公司,其中起亚汽车(Kia Motors)公司具有 100 万台年生产能力,生产各种轿车和小型货车;亚细亚汽车(Asia Motors)公司具有 20 万辆的年产能力,主要生产各种大中型客车、货车及各种特种车辆。1997 年发生的亚洲金融风暴引发了韩国的金融危机,起亚公司因巨额债务险些触发了韩国外汇危机,濒临破产后由韩国政府出面,指令现代公司收购起亚公司。起亚公司于 1998 年与现代公司合并后,积极实施管理改革,提高销售业绩,尽量使用户满意,其目标是在 2010 年跻身世界汽车制造商的前 5 强。1999 年之后,两家公司又联合各自的研发中心,通过分享不同型号汽车平台和零配件,成功地减少了开发时间和成本,并取得了令人羡慕的成果。

图 3-133　起亚车标

起亚汽车公司拥有佳乐(Carens)、嘉华(Carnival)、欧菲莱斯(Opirus)、欧迪玛(Optima)、利欧(Rio)、赛菲亚(Sephia)、秀马(Shuma)、普莱特(Pride)、索兰托(Sorento)等汽车品牌。

起亚车标(图 3-133)是英文"KIA",起亚的名字,源自汉语,"起"代表起来,"亚"代表在亚洲。因此,起亚的意思,就是"起于东方"或"起于亚洲"。源自汉语的名字、代表亚洲崛起的含义,正反映了起亚的胸襟——崛起亚洲,走向世界。

四、双龙汽车公司及其车标

品牌历史创建于 1954 年,是亚洲越野车的开创者,一度风靡欧洲市场,是全球柴油 SUV 的领导品牌。如今,它更是全球最专业的 SUV 生产企业之一,20 世纪 50 年代韩国军用 JEEP 开创者。1950 年韩战爆发,韩国河东焕汽车与 Willys 合作生产军用吉普,以 M38A1 为基础车型(图 3-134)。河东焕之后改名为东亚汽车,并购专门生产 SUV 的巨和汽车,最后成为 Ssang Yong 双龙集团。

图 3-134　军用吉普 M38A1

1991年与德国戴姆勒-奔驰汽车公司合资,引进先进技术之后,购买了英国 Panther Westwinds 特种车制造公司。1997年,大宇汽车公司开始对双龙公司进行控股,但2000年又将股份卖给双龙汽车公司。中国上汽集团于2004年收购双龙汽车公司,获得48.92%的股份,成为双龙汽车公司的第一大股东。

双龙汽车公司主要以犀牛(Musso)牌四轮驱动越野车(图3-135)和科兰多(Korando)牌家用型越野车(图3-136)为代表,产品出口到世界多个国家和地区。

图 3-135　犀牛(Musso)(2001)

图 3-136　科兰多(Korando)(1983)

关于双龙车标(图 3-137),在韩国有这么一个传说:两条龙在等待了 1 000 年后要飞回龙宫,龙王降下一枚"吉祥宝石",只有拥有它借助魔力才能飞回龙宫,两条龙互相谦让不肯先飞,以至于面临都回不去的结果。龙王被它们感动了,就又降了一枚宝石,这样两条龙双双飞回了日夜思念的家乡。

图 3-137 双龙车标

课题八 中国著名汽车公司及其车标

学习目标	鉴定标准	教学建议
(1) 掌握一汽集团有哪些汽车品牌 (2) 了解解放车标的含义 (3) 了解红旗车标的含义 (4) 掌握东风公司有哪些汽车品牌 (5) 掌握上汽集团有哪些汽车品牌 (6) 了解跃进车标的含义 (7) 了解北京吉普车标的含义 (8) 了解福田车标的含义 (9) 了解奇瑞车标的含义 (10) 了解华晨汽车公司有哪些汽车品牌 (11) 了解吉利车标的含义 (12) 了解长安车标的含义 (13) 了解长城汽车的含义 (14) 掌握中国著名汽车公司或分部名称、车名	应知: (1) 一汽集团旗下拥有解放、红旗、夏利等自主汽车品牌 (2) "解放"是毛泽东主席亲自命名的我国第一个汽车品牌 (3) 红旗是中国轿车第一品牌 (4) 东风公司旗下拥有东风自主汽车品牌 (5) 上汽旗下拥有上海自主轿车品牌 (6) 奇瑞车标中间"A"字母为变体的"人"字,代表以人为本的设计、管理理念 (7) 华晨汽车公司旗下拥有两个整车品牌"中华"和"金杯" 应会: (1) 车标识别,相关知识的文献检索、写作、讲演,具有汽车介绍和评价的能力 (2) 应掌握每个著名汽车公司或分部名称	教具: (1) 中国著名汽车公司和汽车商标的图片及课件 (2) 典型的名车图片或课件 建议: (1) 避免孤立的讲授商标,要将公司、名车、商标联系起来 (2) 组织学生参加车展,组织学生讨论——汽车和商标评价 (3) 讲授中国著名汽车公司或分部名称

一、第一汽车集团公司及其车标

第一汽车集团公司的前身是第一汽车制造厂(简称一汽),1953年7月15日破土动工,毛泽东主席亲笔题名奠基(图3-138)。总部位于吉林省长春市。60年来,经历了建厂创业、产品换型和工厂改造、上轻型车和轿车3个大规模的发展阶段。目前拥有"解放"、"红旗"两大民族品牌,形成了"轻、中、重、轿、客、微"多品种、宽系列的产品格局。

1991年,与德国大众汽车公司合资建立15万辆轿车基地;2002年,与天津汽车工业(集团)有限公司联合重组,以及与日本丰田汽车公司实现合作。

图3-138 1953年7月15日一汽奠基典礼大会

一汽集团目前拥有全资子公司30家,控股子公司17家,其中包括一汽解放汽车有限公司、富奥汽车零部件有限公司等全资子公司和一汽轿车股份有限公司、天津一汽夏利股份有限公司、一汽四环股份有限公司等上市公司及一汽大众汽车有限公司、天津一汽丰田汽车有限公司等中外合资企业。

一汽集团旗下拥有解放、红旗、夏利等自主汽车品牌。

(一) 一汽车标

一汽车标将阿拉伯数字"1"和汉字"汽"巧妙布置,构成一只展翅雄鹰的图案(图3-139a),喻示着不断进取、展翅高飞的中国一汽精神,又表达了中国汽车工业冲出国门、走向世界的决心。"1"字车标是近年增加采用的图形标识(图3-139(b)),以椭圆形为基本型,代表全球和天空,以"1"字为视觉中心,代表"第1"的特征。

一汽载货汽车在车头标有"FAW"字样,是英文"First Automobile Workshop",即第一汽车制造厂英文第一个字母的组合。

(a)

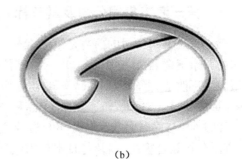
(b)

图 3-139　一汽车标

（二）解放车标

"解放"（图 3-140）是毛泽东主席亲自命名的我国第一个汽车品牌。其品牌价值高达 114.62 亿元。

第一批驶下生产线的解放牌汽车叫 CA10 型（图 3-141），俗称"老解放"，这是一款以苏联吉斯 150 为蓝本制造的汽车，它自重 3 900 kg，装有 66 kW（88 HP）匹马力、四行程 6 缸发动机，载重量为 4 t，最大时速 65 km/h，经过改进，它更适合我国的路况以及大规模建设的需要。

第一批解放牌 CA10 参加了 1956 年的国庆阅兵式（图 3-142），之后一部分汽车在天安门被展出，在那里，无数群众争睹国产汽车的风采。

图 3-140　"解放"字体

图 3-141　解放 CA10 型卡车

图 3-142　1956 年国庆阅兵

(三) 红旗车标

红旗是中国轿车第一品牌。1958 年 5 月 12 日,依照"仿造为主,自主设计"的原则,一汽诞生了第一辆东风牌 CA71 轿车(图 3-143)。该车车标采用一条昂首腾跃的龙,车头"东风"二字取自毛主席题写的"东风压倒西风"。

图 3-143　东风牌 CA71(1958)

1958年8月,中央急于在建国10周年的庆典上用上国产的高级轿车,向一汽下达了制造国产高级轿车的任务。一汽的工人们以从吉林工业大学借来的一辆1955型克莱斯勒高级轿车为蓝本,根据中国的民族特色进行改进后以手工制成了一辆高级轿车。这辆轿车的动力系统和装备几乎和克莱斯勒一样,其实就是把克莱斯勒车完全拆开,对每个零件进行手工测绘,然后自己制造。吉林省委第一书记吴德在全厂万人集会时,正式给轿车命名为"红旗"。

　　1958年8月至1959年5月,一汽的设计师又认真对红旗轿车整车做了5次系统的试验后正式编号为CA72(图3-144),这才是我国有编号的第一辆真正的红旗牌高级轿车。

　　最早的红旗CA72高级轿车的翼子板上标有五面小红旗,代表"工农商学兵",两年后改为三面红旗,代表"总路线、大跃进、人民公社"三面旗帜(图3-145),车尾的"红旗"标有红底金字,"红旗"二字为毛主席所提写(图3-146)。

　　从20世纪60年代开始,红旗车的各项技术日臻完善,被规定为副部长以上首长专车和外事礼宾车,"坐红旗车"曾与"见毛主席"、"住钓鱼台"一道,被视为中国政府给予外国来访者的最高礼遇。

图3-144　红旗CA72(1959)

图3-145　红旗CA72标识(1959)(1)

单元三　著名汽车公司及其车标

图 3-146　红旗 CA72 标识（1959）(2)

1965 年 9 月，全新的红旗 CA770 型轿车送到北京后，时任北京市市长彭真看到车上三面红旗的车标时说："还是用象征毛泽东思想的一面红旗好。"后请示上级，就将车标改为一面红旗（图 3-147），象征"毛泽东思想"。"红旗"这两个字源于当时著名的理论刊物《红旗》杂志，也有人认为是源于"乘东风，展红旗"。

1984 年建国 35 周年阅兵式，中央军委主席邓小平和阅兵总指挥秦基伟上将分乘两辆红旗 CA770YJ 型特种检阅车检阅海陆空三军；1999 年建国 50 周年大庆，江泽民主席同样乘用红旗 CA770 检阅车检阅海陆空三军。

图 3-147　红旗车标

（四）夏利车标

天津一汽夏利股份有限公司 1986 年引进日本大发工业株式会社的技术开始生产夏利轿车。夏利车标最早是在散热格栅中央镶嵌"夏利"二字。1997 年开始采用形似高速公路的新商标（图 3-148），表示夏利车既是受大众欢迎的节油车，又是能在高速公路上与其他汽车竞争的优质车，喻示夏利汽车前程远大。

图 3-148　夏利车标

二、东风汽车集团公司及其车标

东风汽车公司是中国四大汽车集团之一,其前身是 1969 年始建于湖北十堰的"第二汽车制造厂",经过三十多年的建设,已陆续建成了十堰(主要以中、重型商用车、零部件、汽车装备事业为主)、襄阳(以轻型商用车、乘用车为主)、武汉(以乘用车为主)、广州(以乘用车为主)四大基地。除此之外,还在上海、广西柳州、江苏盐城、四川南充、河南郑州、新疆乌鲁木齐、辽宁朝阳、浙江杭州、云南昆明等地设有分支企业。

进入 21 世纪,东风公司积极推进与跨国公司的战略合作,先后扩大和提升与法国标致-雪铁龙集团的合作;与日产公司进行全面合资重组;与本田公司拓展合作领域;整合重组了江苏悦达起亚公司等。全面合资重组后,东风公司的体制和机制再次发生深刻变革。按照现代企业制度和国际惯例,构建起较为规范的母子公司体制框架,东风公司成为投资与经营管控型的国际化汽车集团。

东风公司旗下拥有东风自主汽车品牌。

东风车标(图 3-149)是一对燕子在空中飞翔时的尾羽。通过艺术手法作为图案基础,以夸张的表现形式喻示双燕舞东风,使人自然联想到东风送暖,春光明媚,神州大地,生机盎然,给人以启迪,给人以力量。二汽的"二"字寓意于双燕之中,戏闹翻飞的春燕,象征着东风牌汽车的车轮不停地旋转,奔驰在祖国大地,奔向全球。

图 3-149 东风车标

三、上海汽车集团股份有限公司及其车标

上海汽车集团股份有限公司(简称"上汽集团")是国内 A 股市场最大的汽车上市公司,截至 2013 年底,上汽集团总股本达到 110 亿股。2013 年,上汽集团整车销量达到 510.6 万辆,同比增长 13.7%,继续保持国内汽车市场领先优势,并以 2012 年度 762.3 亿美元的合并销售收入,第九次入选《财富》杂志世界 500 强,排名第 103 位,比上一年上升了 27 位。

上汽集团主要业务涵盖整车(包括乘用车、商用车)、零部件(包括发动机、变速箱、动力传动、底盘、内外饰、电子电器等)的研发、生产、销售、物流、车载信息、二手车等汽车服务贸易业务,以及汽车金融业务。

上汽集团所属主要整车企业包括乘用车公司、商用车公司、上海大众、上海通用、上汽通用五菱、南京依维柯、上汽依维柯红岩、上海申沃等。上汽股份还在美国、欧洲、中国香港和日本设有 4 家公司,并且拥有韩国大宇汽车公司 10% 股份和双龙汽车公司 48.92% 的股份,以第一大股东身份参与双龙公司的经营管理。

上汽旗下拥有上海自主轿车品牌。

提起上海牌轿车就不能不提到它的前身凤凰牌轿车。上海人为他们造出的第一辆轿车取了个漂亮的名字——凤凰。在车头的发动机盖上,一只栩栩如生的凤凰展翅欲飞。凤凰牌轿车参考波兰的华沙轿车底盘,美国克莱斯勒顺风轿车造型,装用南汽 NJ050 型发动机进行试制。1958 年 9 月试制出样车,定名为凤凰牌轿车(图 3-150)。1964 年,改进后的凤凰更名为"上海"牌 SH760 型轿车(图 3-151)。上海的老人家回忆,60 年代上海新娘子出嫁,一部上海牌轿车做婚车能引起全弄堂的轰动和羡慕。

1972 年美国总统尼克松访华时,国宾车队曾动用了 100 辆上海牌轿车和 20 辆红旗,又壮观又气派,深得赞誉。

20 世纪 60 年代,上海汽车制造厂根据我国外事活动需要,精心设计制造了上海牌高级敞篷检阅车 SH761(图 3-152)。该车型采用 680Q 6 缸直列式汽油机,最高时速 90 km/h,百公里油耗 16 L。自 1966 年至 1971 年共生产了 14 辆。目前保存完好的不到 5 辆,也是已故的周恩来总理多次陪同外国元首接受上海市民夹道欢迎的专用车。

图 3-150 "凤凰"牌轿车(1958)

图 3-151 "上海"牌 SH760(1964)

图 3-152 "上海"牌 SH761(1968)

上海车标就是轿车产地"上海"两个字(图 3-153)。

图 3-153 上海车标

四、南京汽车集团有限公司及其车标

南汽的历史可追溯到 1947 年 3 月 27 日,在山东临沂地区耿家王峪成立的中国人民解放军华东野战军特种纵队修理厂,随军转战,称"一担挑"工厂。1958 年 3 月 10 日自主研发制造出中国第一辆轻型载货汽车 NJ130(图 3-154),被老一辈开国元勋命名为"跃进"牌,成为国产轻型卡车始祖。1964 年 1 月 8 日,朱德来厂视察并题写"南京汽车制造厂"(图 3-155)厂牌。1985 年 3 月 27 日,与意大利菲亚特集团依维柯公司签署《关于生产轻型汽车许可证转让和技术合作项目协议书》。

2003 年 8 月,由跃进汽车集团、中国信达、中国华融、江苏国信、江苏交通产业集团公司 5 家公司共同出资重组的南京汽车集团有限公司正式揭牌。

2005年7月23日,南京汽车集团有限公司签署有关合同收购了MG罗孚的全部资产(包括英国长桥的汽车工厂、发动机厂、图纸以及技术研发部门等)。

图3-154　南京汽车(跃进130)

图3-155　朱德题写"南京汽车制造厂"

跃进车标(图3-156)的椭圆代表地球,斜线蕴含跃进汽车四通八达,也意味着跃进汽车更快、更高、更强、更新。

图3-156　跃进车标

五、北京汽车工业控股有限责任公司及其车标

1958年6月20日,时任北京市市长的彭真率领北汽厂厂长李锐,将一辆白色的小轿车开进中南海,向中央领导报喜(图3-157)。这辆白色小轿车名叫"井冈山",是北京生产的第一辆汽车,刚刚在北京第一汽车附件厂诞生,车长4 100 mm,宽1 560 mm,高1 450 mm,4缸水平对置风冷发动机,排量1.192 L,额定功率26 kW(35 HP),最大车速110 km/h。

图3-157　1958年6月20日毛主席在中南海视察井冈山牌小轿车

为了庆祝"井冈山"的诞生,北京第一汽车附件厂召开庆功大会,一机部汽车局领导人张逢时在会上宣布将第一汽车附件厂改名为北京汽车制造厂。朱德在察看完井冈山汽车后,亲笔为北京汽车制造厂题写了厂名。1958年7月27日,北京汽车制造厂正式挂牌成立。

其后,北汽开展了"百辆井冈山大战"。要在10月1日之前制造出100辆车,参加国庆游行,驶过天安门。这100辆井冈山轿车最终赶在国庆前全部制造出来,其中30多辆参加了国庆9周年游行。但是这些"速成的汽车"也有很多质量问题,为了保证顺利经过天安门,北汽想了个办法,每个车上坐二三个人,一旦车抛锚了,就下来推车。万幸的是,这些车最终都顺利通过了天安门,没有出现抛锚的情况(图3-158)。

1984年1月15日,中国第一家中外合资汽车企业北京吉普汽车有限公司成立。1987年,成立了北京汽车摩托车联合制造公司(简称"北汽摩")。1996年,北汽摩发起成立了北汽福田车辆股份有限公司。2002年,与韩国现代汽车集团合资成立北京现代汽车有限公司。2004年12月6日,北京奔驰-戴姆勒-克莱斯勒汽车有限公司新平厂奠基仪式在北京经济技术开发区举行。

北汽拥有克莱斯勒、吉普、三菱、现代等国际品牌和北京、欧曼、时代、奥铃、风景等自主开发的民族品牌,形成了轿车、商用车、越野车的3大板块生产格局。

(一)北京吉普车标

北京吉普车标(图3-159)由图形和文字两部分组成。图形部分突出"北"字,表示"北京";

单元三 著名汽车公司及其车标

图 3-158 "井冈山"汽车在天安门广场

文字部分"BJC"表示北京吉普汽车有限公司。图案又像一条向前延伸的路,也像高山峻岭,意为北京吉普汽车适合在任何道路上行驶,路在车下,勇往直前。

图 3-159 北京吉普车标

(二) 福田车标

福田车标(图 3-160)采用了钻石造型,突出了福田汽车作为一个专业化的汽车公司,形象、科技和品质始终是企业追求的根本。以立体钻石为原形,3 条斜线构图代表了福田"突破、超越、领先"的 3 阶段竞争理论,银色代表的是卓越的工业化气质和现代感,而全新的钻石形象

钻石车标　　　　　　　汉语车标

图 3-160 福田车标

则是福田汽车公司作为一个卓越的汽车企业对社会的价值承诺。与福田汉语标识名称相映,车标突显"FOTON"英文标志,显示出福田汽车走向国际的雄心。"FOTON"的含义是为车、

为人,体现了福田汽车的产业特征和宗旨,同时双"O"有车轮的动感,暗喻福田汽车永不止步的核心价值观。

六、奇瑞汽车有限公司及其车标

奇瑞汽车有限公司于1997年由5家安徽地方国有投资公司投资17.52亿元注册成立;1997年3月18日动工建设。

奇瑞公司主要产品有风云、旗云、QQ、东方之子、瑞虎5种车型。2001年3月,风云轿车成功推向市场,使奇瑞公司迅速成长为国内主流轿车企业。2003年6月推出QQ轿车(图3-161)和东方之子轿车。同年8月,奇瑞公司又推出了旗云轿车,成功完成产品线布置,进入全面发展的新阶段。2004年4月15日,奇瑞公司第20万辆轿车下线,预示着这个汽车业的新锐成长为中国自主品牌的支柱企业,成为中国主流轿车企业之一。2005年3月22日,奇瑞公司第一辆瑞虎SUV上市,瑞虎的下线成功实现奇瑞公司轿车向汽车的转变。2005年3月28日,奇瑞公司举行发动机二厂生产线启动及首台发动机点火仪式,从而实现中国在轿车主要零部件(发动机)自主研发上零的突破。

图3-161　QQ微型轿车(2003)

奇瑞车标(图3-162)整体由英文字母"CAC"(Chery Automobile Corporation)的变形重叠形式组成,中文意为奇瑞汽车有限公司。标志中间"A"字母为变体的"人"字,代表以人为本的设计、管理理念。标志两边的"C"字母向上环绕,如同人的两个臂膀,象征一种团结和力量。标志的两个"C"字母环绕成地球的椭圆状,中间的"A"字母在上方的断开处向上延伸,预示着奇瑞公司潜力无限。整个标志又是"W"和"H"两个字母的交叉变形设计,为芜湖的汉语拼音声母,表示公司的生产地。整个图标形似一只牛头,表示对内团结一致,生产出好产品,为用户提供好的服务,对外勇于开拓市场。

图3-162　奇瑞车标

七、华晨中国汽车控股有限公司及其车标

华晨中国汽车控股有限公司(简称华晨汽车公司)是中国第一家海外上市公司。1992年10月,华晨汽车公司在美国纽约股票交易所挂牌上市。1999年10月,公司在香港上市。从汽车产业的投资者到这一传统行业的经营管理者,历经十余年发展,华晨汽车公司已经成长为中国新兴的汽车制造企业。

华晨汽车公司旗下拥有两个整车品牌、三大整车产品。两个整车品牌即华晨金杯汽车有限公司生产的"中华"和"金杯"系列。三大整车产品包括拥有自主品牌的中华轿车、国内同类车型中市场占有率接近60%的金杯海狮轻型客车、引进丰田公司高端技术生产的金杯阁瑞斯多功能商务车。

2003年3月27日,华晨汽车公司与德国宝马公司组建一个生产和销售宝马汽车的合资公司。

(一) 中华车标

中华车标(图3-163)是"中"字外加圆环,象征中华牌轿车跻身世界级轿车之列。

图3-163 中华车标

(二) 金杯车标

金杯车标(图3-164)是一块镶嵌奖杯的盾牌,象征着实力和成就。

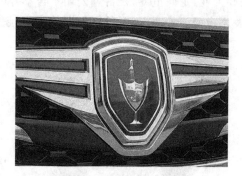

图3-164 金杯车标

八、吉利控股集团及其车标

吉利控股集团有限公司(简称吉利公司)是一家以汽车及汽车零部件生产经营为主要产业的大型民营企业集团,创建于 1986 年 11 月 6 日,创始人李书福。吉利公司的前身是位于浙江省台州市路桥区的黄岩县制冷元件厂。1997 年进入汽车制造领域以来,凭借灵活的经营机制和不断的观念创新,吉利汽车快速成长为中国经济型轿车的主力品牌。吉利公司总部设在浙江杭州,在临海、宁波、台州、上海建有 4 个专门从事汽车整车和汽车零部件生产的制造基地。经过一多年的建设和发展,在汽车、摩托车、汽车发动机、变速器、汽车零部件、高等教育、装潢、材料制造、旅游和房地产等方面都取得了不俗业绩。

吉利公司旗下拥有豪情、美日、美人豹(图 3-165)、华普和自由舰等自主汽车品牌。

图 3-165 美人豹

吉利车标(图 3-166)的椭圆象征地球,表示面向世界、走向国际化;椭圆在动态中是最稳定的,喻示吉利的事业稳如磐石,在风雨中屹立不倒。6 个"6"象征:太阳的光芒,只有走进太阳,才能吸取无穷的热量,只有经过竞争的洗礼,才能百炼成钢;六六大顺,祝愿如意、吉祥;吉利公司一步一个台阶,不断超越,发展无止境;中华优秀传统文化的底蕴才是吉利公司不断发展超越的精神源泉;发展民族工业,走向世界,是吉利公司不舍不弃的追求。内圈蔚蓝,象征广阔的天空,超越无止境,发展无止境。外圈深蓝,象征无垠的宇宙,超越无限,空间无限。

图 3-166 吉利车标

为了提升品牌形象,吉利公司针对不同系列采用了不同的车标,如图 3-167～图 3-172 所示。

图 3-167　吉利"全球鹰"车标

图 3-168　吉利"东方神鸟"车标

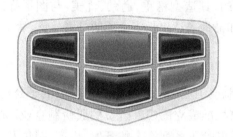

图 3-169　吉利"帝豪"车标

图 3-170　吉利"美人豹"车标

图 3-171　吉利"英伦"车标

图 3-172　吉利"华普"车标

九、长安汽车(集团)有限责任公司及其车标

长安汽车(集团)有限责任公司(简称长安汽车公司)创建于 1995 年,由原长安机器制造厂和江陵机器厂合并而成,地处重庆市,是中国最大的微型汽车及发动机生产厂家之一。长安汽车公司拥有长安特种机器厂、长安精密机器厂和若干全资子公司及控股的重庆长安汽车股份有限公司、重庆长安铃木汽车有限公司、长安福特汽车有限公司。

长安汽车公司具有100多年的历史,为国家常规兵器重点科研、试制、生产基地。从1957年9月开始,长安技术工人对辗转获得的一辆美国CJ-5军用越野吉普车进行测绘设计,终于在1958年5月生产出中国第一辆"长江"牌吉普车。到1963年累计生产"长江"牌46型吉普车1390辆,并部分装备部队。1963年底停产,产品及技术资料同时转交北京汽车制造厂。1983年,第一辆"长安"牌微型汽车诞生。1984年,第一台"江陵"牌发动机诞生。长安汽车集团拥有重庆、南京、河北三大汽车生产基地,聚集了七大汽车制造企业和独立的军品制造公司,形成了长安、福特、铃木非常紧密的战略结盟体系。

长安车标(图3-173)以天体椭圆运行轨迹为基础,捕捉"长安"汉语拼音"CHANG AN"中"C"、"A"两个关键发音字母作为其造型设计的基本元素,经过抽象、组合、变形而成一个永恒运行的天体、一个攀升的箭头、一个精致的方向盘,又如一辆轻巧的汽车奔驰于阡陌纵横的公路之上。英文"CHANA"是"长安"汉语拼音"CHANG AN"的高度凝练,标志字体是在黑体字基础上经过修饰、设计和手工绘制而成的,其造型稳重、遒劲、优美,与图形标志一脉相承,最能和谐地表达出长安企业的品牌特征。

图3-173 长安车标

十、哈飞汽车股份有限公司及其车标

哈飞汽车股份有限公司(简称哈飞)是哈尔滨航空工业(集团)有限公司控股的子公司,是中国汽车大型骨干生产企业和研发基地,是经国家批准成立的中外合资的股份制企业。哈飞坐落于哈尔滨经济技术开发区综合工业区,主要从事哈飞系列汽车的开发、生产、销售及各类零配件的经营。

哈飞主要产品有轿车、微型客车、厢式货车、单排座及双排座微型货车共计五大系列130多个品种。截至2004年底,哈飞已累计产销各类汽车120万辆。

哈飞旗下拥有哈飞路宝(图3-174)、赛马、赛豹等自主轿车品牌,以及民意、中意、锐意等自主微型面包车和货车品牌。

图3-174 哈飞路宝微型轿车

哈飞车标(图 3-175)是在倒钻石形中蜿蜒涌动的松花江,寓意公司的事业如松花江水滚滚向前,永远长流。

图 3-175　哈飞车标

十一、长城汽车有限公司及其车标

长城汽车股份有限公司成立于 1994 年,位于河北保定市,是一家大型股份制民营企业,也是国内规模最大、品种最多的皮卡(Pickup)专业厂。

公司产品形成了迪尔、赛铃、赛酷三大系列皮卡,柴油机、汽油机、两驱、四驱四大系统,大双、中双、小双、一排半、大、小单排、厢式 7 种规格。在多功能乘用车产品中有经济型 SUV 3 个品种:赛弗、赛骏、赛影。其中赛弗的特征是一款纯正运动型多功能 SUV;赛影充分体现了客货型,是一款休闲多功能车 RUV;赛骏则是都市越野型 SUV。中高端 SUV 产品中有哈弗 CUV,是一款标准的轿车化 SUV(图 3-176)。

图 3-176　长城哈弗 CUV(2008)

长城汽车 2007 年 10 月 29 日换标,旧车标是椭圆之中包含一个长城垛(图 3-177 a),椭圆代表地球,象征长城汽车走遍世界各地和祖国的大江南北。新车标(图 3-177b)保留椭圆外形,中间的烽火台形象是中国传统文化的象征;同时,又可以比拟成剑锋箭头,暗示充满活力,蒸蒸日上;敢于亮剑,无坚不摧;立体"1"寓意快速反应,永争第一。

(a)

(b)

图 3-177 长城车标

课题九　其他国家著名汽车公司及其车标

学习目标	鉴定标准	教学建议
(1) 了解沃尔沃车标的含义 (2) 了解绅宝车标的含义 (3) 了解斯柯达车标的含义 (4) 了解西亚特车标的含义 (5) 了解霍顿车标的含义 (6) 了解拉达车标的含义 (7) 了解嘎斯车标的含义 (8) 了解塔塔车标的含义 (9) 掌握国外其他著名汽车公司或分部名称、车名的英语写法或口译	应知: 　(1) 沃尔沃车标是一个滚动的车轮上用拉丁文拼成的"VOLVO"字样 　(2) 绅宝车标是一头戴王冠的狮子头像,王冠象征着轿车的高贵,狮子则为欧洲人崇尚的权利象征 　(3) 斯柯达车标绿色象征该公司力求以产品生产更加环保为己任 　(4) 拉达车标是由 LADA 的"L"和"D"两个字母组合成一个带帆的游船图形 　(5) 塔塔车标是椭圆形中两个字母"T"相叠而成 应会: 　(1) 车标识别,相关知识的文献检索、写作、讲演,具有汽车介绍和评价的能力 　(2) 应掌握每个著名汽车公司或分部名称、车名的英译写法和口译	教具: 　(1) 国外其他著名汽车公司和汽车商标的图片及课件 　(2) 典型的名车图片或课件 建议: 　(1) 避免孤立的讲授商标,要将公司、名车、商标联系起来 　(2) 组织学生参加车展,组织学生讨论——汽车和商标评价 　(3) 讲授国外其他著名汽车公司或分部名称、车名的英译写法和口译

一、瑞典汽车公司及其车标

(一) 沃尔沃汽车公司及其车标

沃尔沃(Volvo)(又译为富豪)汽车公司是北欧最大的汽车企业,也是瑞典最大的工业企业集团,创立于1924年,创始人是阿瑟·格布里森(Assay Gabrielsson)和古斯塔夫·拉森(Gustav Larson)。沃尔沃公司生产的第一辆车为"Jakob OV4",于1927年4月14日正式出厂,从而揭开了瑞典汽车工业史上的新篇章。

安全、环保和质量是沃尔沃汽车公司的核心价值。在同级别车中,沃尔沃汽车堪称是最安全的,它有一些独到的设计,如侧撞保护系统、充气帘和头颈部保护系统等安全装置。沃尔沃汽车以稳定、良好的道路表现、舒适感、省油及满足最苛刻的环保要求而闻名。

沃尔沃汽车公司下属商用车部、载重车部、大客车部、零部件部、汽车销售部和轿车子公司等。沃尔沃公司的产品包罗万象,但主要产品是汽车。该公司的卡尔玛厂,是世界上独一无二的工厂,位于瑞典的歌德堡(Gothenburg),布局就像一个三叶草图案,沿着三叶草的边缘有25个工作站,每个站负责一部分汽车装配工序,汽车在微机控制下的自动输送装置上绕草叶蜿蜒运行,当走完这25个工作站时,就生产出一辆漂亮的汽车。这个厂的生产率和装配质量在沃尔沃公司各厂名列前茅。这个工厂的特点是10~25人负责一个工区,只要在规定时间内把规定的汽车从一个缓冲区送到另一个缓冲区,其他工作大家可以自作主张,因而把工人从机械重复的劳动中解放出来,激发了工人的劳动热情。这种生产方式是继福特流水线生产方式之后的又一重大变革,引起世界产业界的极大关注。

1999年,美国福特汽车公司出资64.5亿美元收购了沃尔沃公司全球轿车业务部门。沃尔沃汽车车型分S(轿车)、V(旅行车)、C(跑车)和XC(运动休闲)4个系列。S系主要产品有S80、S60、S40;V系有V70、V40;C系有C70跑车、C70敞篷车;XC系有XC70、XC90。

沃尔沃车标(图3-178)是一个滚动的车轮上用拉丁文拼成的"VOLVO"字样,喻示着公司事业兴旺发达,前途无限。圆圈上方绘一向上箭头,具有火星或男性的含义。圆圈外面加上一个方框,并在方框上拴了一根象征安全带的长条,突出了沃尔沃汽车安全性的含义。

图3-178　沃尔沃车标

(二) 萨博汽车公司及其车标

萨博(Svenska Aeroplan Aktiebolaget, SAAB)是瑞典的一家公司(全称为瑞典飞机有限公司),从1937年创立到1947年以制造飞机为主。不过,之后由于战争结束,战斗机市场萎靡,所以改以汽车为主要发展目标。

1947年,其第一款轿车92001(图3-179)公之于世。

1969年到1989年是绅宝的高速发展时代,吞并了瑞典的斯堪尼亚Scania商用汽车制造商,并将SAAB汽车公司与斯堪尼亚合并成汽车集团,成为瑞典最大的商用车制造商。

同时,在这一时期,萨博将涡轮增压技术首次搭载在轿车上(可以说是涡轮增压车型的鼻

图 3-179 萨博第一款轿车 92001

祖),成为影响整个汽车工业发展的重大技术突破。

1990—2000 年,通用集团收购萨博,之后推出车型萨博 9-3 和萨博 9-5。2008 年,通用面临财政危机,于是 2010 年世爵汽车成功收购萨博。同一时期,北京汽车也参与了竞标萨博,购买了萨博 9-3 和萨博 9-5 的生产线以及生产设备,在对萨博的技术进行消化吸收后推出的首款车型取名绅宝,被人们称为"萨博的重生"车型。

2011 年,世爵和中国华泰、庞大及青年集团进行了出售萨博的谈判,但可惜的是没有达成协议,导致最后萨博被迫宣布破产。

绅宝最新的车标(图 3-180)是 1991 年与通用汽车公司合并后开始采用的。商标正中是一头戴王冠的狮子头像,王冠象征着轿车的高贵,狮子则为欧洲人崇尚的权利象征。半鹰、半狮的怪兽图案象征着一种警觉,这是瑞典南部两个县流行的一种象征,而萨博汽车和航行器的生产就起源于此。

图 3-180 绅宝车标

二、捷克斯柯达汽车公司及其车标

斯柯达(Skoda)汽车公司的前身是生产自行车的劳林-克里门特(Laurin & Klement,简称 L&K)公司,创建于 1894 年,创始人是机械师瓦克拉夫·劳林(Vaclav Laurin)和商人瓦克拉夫·克里门特(Vaclav Klement)。1899 年,L&K 公司开始生产摩托车,成为世界上早期生产机动车的工厂之一。1905 年,公司转向生产汽车,第一辆汽车在 1906 年的布拉格车展中亮相。但第一次世界大战爆发后,汽车生产受到阻碍,公司实力也被削弱。1925 年,为了恢复往日的声誉,他们找到了当时国内最大的工业集团,从事农业机械、飞机发动机及卡车生产的斯柯达-配尔森(Skoda Pilsen)集团,从此开始生产以斯柯达为品牌的汽车。这是斯柯达汽车的开端,也是 L&K 汽车的结束,劳林和克里门特虽然丧失了对公司的控制权,但他们英明的决策却令工厂在战后再度崛起。1946 年,斯柯达公司收归国有,更名为 AZNP SKODA 公司,成为了一家国有企业。1991 年 4 月 16 日,斯柯达公司成为德国大众公司的一个子公司。1991—2000 年,经过多次股权变更,斯柯达公司成为大众公司的全资子公司。

斯柯达汽车以高性价比、坚实耐用、高安全性、优良的操控性及舒适性兼备而成功地打入了欧洲、亚洲、中东、南美洲、非洲等地区,备受广大消费者的青睐。除了在本国高居 50% 以上的市场份额外,在德国、英国及波兰汽车市场都有不错的表现。

斯柯达公司旗下拥有欧雅(Octavia)、法比亚(Fabia)、速派(Superb)、弗雷西亚(Felicia)等轿车品牌。

在历史上,斯柯达汽车的车标变过多次。它现在使用的车标(图 3-175 b)来源于 1926—1990 年间使用的"飞翔之箭"(Winged Arrow)(图 3-181a),这个标识的来历众说纷纭,至今还是个谜。这个标志的创意是一个插着几根羽毛头饰的印第安人头像,据说是由斯柯达公司商务经理设计的,这个蓝白两色圆圈包围的标识,如今仍然用于一些原厂配件上,如车玻璃及发动机配件。

斯柯达车标被世界公认为是最具有创意、在外形上最简捷的标识之一。1994 年,一个新的黑绿两色构成的新车标(图 3-181b)开始启用。它赋予"斯柯达"全新的生命力——黑色象征着其百年历史,绿色象征该公司以力求产品生产更加环保为己任。

图 3-181 斯柯达车标的演变

三、西班牙西亚特汽车公司及其车标

西亚特(SEAT)汽车公司是西班牙最大的汽车公司,1950 年成立于巴塞罗那。"SEAT"是西班牙语"Sociedad Espanola de Automoviles de Turismo"(西班牙私人汽车有限公司)的缩写。西亚特汽车公司成立之初,以生产意大利菲亚特汽车公司的车型为主,在西班牙汽车市场占有率曾达到60%,但到20世纪70年代其市场占有率下降到33%,亏损严重。1981年,菲亚特公司退出西亚特公司。第一辆由西亚特公司自己设计的品牌汽车是1982年生产的龙达(Ronda)轿车(图3-182)。1983年,德国大众汽车公司买下了西亚特公司的大部分股份,与西班牙政府共同经营西亚特汽车公司。

图3-182　西亚特(SEAT)龙达(Ronda)(1982)

西亚特公司归属大众公司麾下后,得到大众公司资金与技术的支持,它采用大众公司的零部件,有些车型的底盘、转向及悬挂系统也由大众公司设计,经营状态日趋好转。到20世纪90年代初,西亚特汽车的年产量已达36万辆以上,成为西班牙效益最好的汽车公司。

西亚特公司多是以中、小型轿车为主,比较知名的品牌轿车有科多巴(Cordoba)、伊比萨(Ibiza)等。其中科多巴轿车对中国人来说并不陌生。一汽大众"都市高尔夫"(City Golf)车型就是引进科多巴生产的。

西亚特车标(图3-183)是一个艺术化的大写字母"S",即SEAT的首个字母。

图3-183　西亚特车标

四、澳大利亚霍顿汽车公司及其车标

澳洲的霍顿汽车公司(Holden)在澳洲历史上有着极其特别的地位,因为澳洲大陆上第一部由澳洲人自己生产的汽车——"48-215"(图3-184),就是从霍顿的车间里开出来的。要探究霍顿的历史,需要追溯到一个世纪以前。经营骑马用具起家的霍顿公司在1914年开始帮顾客生产定制的汽车车身,这迈出了它漫长汽车工业里程的第一步。经过10年的发展,它成为美国通用汽车在澳洲的车身供应商,并于1931年和美国通用汽车澳洲分公司共同组建了"通用-霍顿汽车公司"(1994年起单独使用"霍顿汽车公司"的名称)。从1948年起,霍顿开始生产自己的车型,澳洲历史上第一辆属于本土的轿车48-215于当年下线,从此霍顿成为澳洲汽车工业的代名词。

图3-184　霍顿(Holden)本土生产的48-215轿车(1948)

除了少量生产美国通用旗下的车型,霍顿拥有很多属于自己成功开发的产品,其中包括连续8年蝉联澳洲最畅销的中级房车海军准将(Commodore)、一直在澳洲高档轿车销量中名列前5的政治家(Statesman/Caprice)车型和澳洲本地最受欢迎的双门跑车摩纳罗(Monaro)。目前霍顿公司旗下共有20种车型,从两厢小型车到四轮驱动的SUV,从家用轿车到商用皮卡,应有尽有,完善的车型系列极大程度上满足了市场需求。

霍顿车标(图3-185)是一头埃及狮子。寓言传说,轮子的原理是原始人观察狮子滚动一块石头时获得的。1928年,霍顿公司开始使用狮子滚石头标志作为车标。狮子滚石头成为第一部澳洲汽车象征。

图3-185　霍顿车标

五、俄罗斯汽车公司及其车标

(一)瓦兹汽车公司及其车标

俄罗斯瓦兹(Volzhsky Automobdny Zavod,简称VAZ)汽车公司成立于1966年7月20日,因坐落在伏尔加河(Volga River)畔,也称为伏尔加(Volga)汽车公司,是俄罗斯最大的小轿车制造商。当时前苏联中央委员会从苏联40多个具有竞争性的地区中,选出了最理想的汽车生产基地托格利亚提(Togliatti),与意大利菲亚特公司合作生产拉达(LADA)汽车。"LADA"俄文的意思是"人民大众的车"。

瓦兹汽车公司是世界上最大的汽车制造厂之一,拥有144 km长的生产线,是世界上唯一一个几乎所有汽车零部件都在工厂内制造的汽车公司。

1970年4月19日,瓦兹公司开始生产VAZ-2101型轿车,它是基于菲亚特公司1966年生产的Fiat 124型车。公司每年生产轿车近100万,汽车总产量的30%～35%外销至世界80多个国家。瓦兹汽车公司与世界各汽车工业国家皆维持有广泛的技术及商业关系,以保持俄罗斯模范车厂的美誉。

瓦兹汽车公司旗下拥有拉达110、纳捷斯达(Nadeschda)、泥娃(Niva)、诺瓦(Nova)、萨马拉(Samara)、塔赞(Tarzan)等汽车品牌。

拉达车标(图3-186)图案是由LADA的"L"和"D"两个字母组合成一个带帆的游船图形。

图3-186 拉达车标

(二) 嘎斯汽车公司及其车标

俄罗斯嘎斯(Gorkovsky Automobilny Zavod,简称GAZ)汽车公司,也称为高尔基汽车厂。1929年3月4日,苏联政府签署法令,同意与美国福特汽车公司合作建立一个汽车厂。1932年1月1日正式开工,第一辆汽车也于1932年1月29日下线。1932年12月,第一辆中级轿车GAZ-A问世。GAZ-A和GAZ-AA是按照福特公司提供的设计图纸制造的。20世纪30年代,嘎斯公司已成为苏联汽车工业的领头羊,生产并销售了450 000辆汽车,其汽车产品有17个车型和版本,产量占苏联国内市场的68.3%。1971年4月24日,嘎斯汽车集团(AutoGAZ)在一些下属工厂和企业分部的基础上成立。1993年更名为嘎斯工业集团(PO(Industrial Group)GAZ),共拥有11个工厂。

1981年3月1日,第1 000万辆汽车出厂;1995年12月,第1 500万辆汽车出厂。1992年11月,高尔基汽车厂改制为上市股份公司。

嘎斯汽车公司旗下拥有伏尔加(Volga)、海鸥(Seagull)、索博(Sobol)、羚羊(Gazelle)等汽车品牌。

嘎斯车标(图3-187)是一只稳步前行、富有朝气的小鹿。下方为俄文字母"GAZ",即嘎斯汽车厂。

图3-187 嘎斯车标

六、印度塔塔汽车公司及其车标

塔塔(TATA)汽车公司是印度塔塔集团下属的子公司,成立于1945年,是印度最大的综合性汽车公司,占有印度市场59%的份额。公司现任董事长为拉坦·塔塔(Ratan Tata)(图3-188)。1954年与德国戴姆勒-奔驰进行技术合作,1969年,塔塔公司能够独立设计出自己的产品。从20世纪60年代开始,塔塔汽车已出口到欧洲、非洲和亚洲等一些国家和地区。1999年,塔塔汽车进入乘用车领域,在这一市场的占有率在16%左右。20世纪90年代末推出的印度自行设计、生产的印迪卡(Indica)小型轿车(图3-189),由于外形优雅、时尚、价格低,曾在上市短时间内接到11万辆订单,产品供不应求,创造了印度汽车销售的最高纪录,现已成为印度的主要汽车品牌。2003年年底,塔塔公司以1.2亿美元收购韩国大宇公司旗下的卡车子公司。塔塔汽车公司主要产品包括小型汽车、四驱越野车、公共汽车、中型及重型货车等。

图3-188　拉坦·塔塔(RatanTata)

图3-189　塔塔(TATA)汽车印迪卡(Indica)

塔塔公司旗下拥有印迪卡(Indica)V2、英靛(Indigo)、远征(Safari)、速猫(Sumo)等汽车品牌。

塔塔车标(图3-190)是椭圆形中两个字母"T"相叠而成,一个实心,另一个则是空心,巧妙地融合在一起,下方是"TATA"的字母排列。

思考:车标的设计和企业文化之间的联系。

图3-190　塔塔车标

著名的汽车车标

 凯迪拉克
 别克
 奥兹莫比尔
 庞蒂亚克

 雪佛兰
 土星
 福特
 林肯

 水星
 野马
 克莱斯勒
 道奇

 普利茅斯
 吉普
 奔驰
 迈巴赫

 精灵
 宝马
 大众
 奥迪

 保时捷
 欧宝
 标致
 雪铁龙

 雷诺
 布加迪
 劳斯莱斯
 宾利

单元三 著名汽车公司及其车标

 美洲虎 | 罗孚 |  路虎 | MG

 迷你 | 莲花 |  阿斯顿-马丁 |  摩根

 特威尔 | 菲亚特 | 阿尔法-罗米欧 | 法拉利

 兰博基尼 |  玛莎拉蒂 |  蓝旗亚 |  丰田

 凌志 |  新贵 |  日产 |  无限

 本田 |  阿库拉 |  马自达 |  三菱

 速波 | 铃木 |  五十铃 | 现代

汽车文化

大字　　　　　　　　　　　　　起亚　　　　　双龙

一汽　　　　　　　　　　　　　红旗　　　　　夏利

东风　　　　　上海　　　　　跃进　　　　　北京吉普

福田　　　　　　　　　　　　　奇瑞　　　　　中华

金杯　　　　　吉利　　　　　吉利"全球鹰"　　吉利"东方神鸟"

吉利"帝豪"　　吉利"美人豹"　　吉利"英伦"　　吉利"华普"

长安　　　　　哈飞　　　　　　　　　　　　　长城

单元三　著名汽车公司及其车标

沃尔沃

绅宝

斯柯达

西亚特

霍顿

拉达

嘎斯

塔塔

单元四 汽车新技术

汽车伴随我们走过一个多世纪,发展日新月异,各种新技术推陈出新,汽车的未来更令人期待。本单元介绍几个近年来有代表性的新技术,旨在管中窥豹,让大家对汽车新技术有一个大概的了解。

学习标准	鉴定标准	教学建议
(1) 了解树脂材料齿轮的优点 (2) 了解3D打印技术对车辆设计的意义 (3) 了解无线充电技术的意义 (4) 了解低滚阻轮胎的区别 (5) 了解线控转向系统的优点 (6) 了解充气式安全带的优点	应知: (1) 脂材料齿轮在非常高的温度下,也能保持其结构的整体性和尺寸的稳定性 (2) 3D打印技术应用在车辆设计中更方便、更直观 (3) 低滚阻轮胎和普通轮胎的区别 (4) 线控转向系统的优点 (5) 充气式安全带将气囊和安全带结合在一起,可以很好地保护后排乘客免受二次伤害	教具: (1) 汽车新技术图片及课件 (2) 搭载新技术的车型图片 建议: (1) 开展课间讨论,探讨新技术对人们生活的影响 (2) 大胆设想语言汽车技术发展趋势

一、树脂材料齿轮

在汽车设计、制造领域中,探索新材料的应用一直是工程师不懈努力的事情。帮助车辆轻量化的同时兼顾强度绝不是一件容易的事情,铝材、树脂材料、碳纤维、复合材料目前还只是少数高端车型的"专利",想要普及尚需时日,不过这些从未浇灭工程师的探索热情。

2013年的东京车展上,日本大丰工业集团旗下的NIPPON GASKET展出了平衡轴用树脂齿轮(图4-1),此前平衡轴的齿轮一般由金属制造。未来这种技术很可能会应用在丰

图4-1 平衡轴用树脂齿轮

田的混合动力车型上,树脂材质不仅可以使得重量减轻到金属制品的一半以下,还可以降低运行噪声。

NIPPON GASKET 选用酚醛树脂材料制作齿轮。首先在芳纶长纤维表面附着酚醛树脂粉末,接着将其溶于水中使之均匀分散,再制造成 2 mm 厚的片材。将 10～20 张片材层叠,制成 20～40 mm 的板材,并将板材冲压成齿轮形状。这时由于是冲压,因此齿轮为平齿轮。之后将冲压件放入模具,加热、压缩成型。齿线随着模具变为倾斜,变成斜齿齿轮。最后像金属齿轮一样用滚齿机加工,获得精度。加工余量为 0.3 mm。成品出来后在内侧热装金属衬套,交付给平衡轴厂商日本欧德克斯(OTICS)。

酚醛树脂是 1872 年由德国化学家首次提炼出的,其最大特点就是耐热性优秀(图 4-2)。它在非常高的温度下,也能保持其结构的整体性和尺寸的稳定性。正因为这个原因,酚醛树脂目前被应用于一些高温领域,如耐火材料、摩擦材料、粘结剂和铸造行业。工程人员正是看中了它这一特点,将其运用于发动机平衡轴齿轮制造中。

图 4-2 酚醛树脂的耐高温性

二、车辆设计中 3D 打印技术

近年 3D 打印技术越来越频繁地出现在科技新闻中,成为新技术的亮点。利用这种技术,您可以很快捷地得到原先只能在电脑上看到的 3D 模型。相比以往技术,3D 打印技术可以让处于电脑屏幕另一端的人能更准确地理解对方的设计细节,目前这项技术已经运用在汽车设计上。

在福特位于硅谷的试验室中,设计师完成部分设计后,可以将 3D 设计方案通过电子邮件发送给位于福特汽车迪尔伯恩总部的同事(图 4-3),总部的同事可以使用被称作 MakerBot Thing-O-Matic 这个利用塑料作为材料生产原料的设备打印出该部件的模型(图 4-4)。因此,即使设计师和工程师相隔万里,通过 3D 打印技术,设计师和工程师依然能够准确地对产品有直观的感受,并能做出精确的修改。和以往的技术相比,3D 打印技术成本更低,现在福特已在如换挡柄、仪表和显示模块的开发中尝试应用 3D 打印技术。

图 4-3　工程师利用 3D 打印技术交流设计

图 4-4　利用 3D 打印技术制作汽车模型

除了这种使用塑料为原料的 MakerBot Thing-O-Matic 的设备，福特还使用另一种以砂土为原料的 3D 打印设备。这种设备以细微的砂子颗粒作为原料，通过多个打印机喷铸模型和核心部件，工程师可以快速制作出一系列具有细微差异的部件模型（图 4-5），最终开发出最合适的部件，由此提高整个开发效率，缩短上市周期，降低成本。

图 4-5　利用 3D 打印技术制作部件模型

目前，由 3D 打印技术制造出的模型已经帮助设计人员设计了 C-MAX、Fusion（现款福特蒙迪欧）混动车型的变速器外壳、减振器外壳；福特翼虎使用的产于美国路易斯维尔工厂的 EcoBoost 4 缸发动机部分部件；F-150 的 3.5 升 EcoBoost 发动机排气歧管等相关部件。

其实，3D 打印技术离我们很近，最新 007 电影中就使用 3D 打印技术复原阿斯顿·马丁 DB5（图 4-6），帮助摄制组在拍摄它被摧毁时节省了大量的资金。虽然现在看来使用 3D 打印技术制造汽车离我们还有些遥远，但如同当年的计算机技术应用到产品设计一样，3D 打印技术势必会掀起一波技术革命浪潮，谁敢说未来我们不能在家中院子里用 3D 技术制造爱车呢？

图 4-6　3D 打印技术复原阿斯顿·马丁 DB5

三、电动汽车充电技术

目前电动汽车共有 3 种充电方式，分别是移动充电包（图 4-7）、高能充电桩（图 4-8）、超级充电站（图 4-9）。移动充电包就是一条充电线，就像你用手机一样，只要你带着这根线，任何

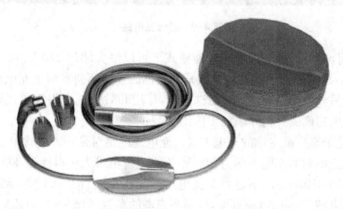

图 4-7　移动充电包

有普通电源插口的地方都可以充电,非常方便,只不过这种充电方式的速度是最慢的。按照一晚上充电时间 8 小时算,能行驶 80 英里(约 128 km)左右,足够你第二天日常城里活动使用了。不过这套充电线一般被列为周边配件,并不包含在购买车辆范围内,需要单独购买。

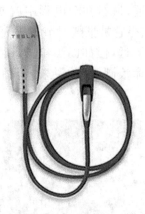

图 4-8　高能充电桩

图 4-9　超级充电站

高能充电桩有两种充电模式,单充电器模式下可以最大输出 240 V/40 A,双充电器模式下可以输出 240 V/80 A。所谓双充电器模式就是你的车内部拥有两个充电单元,其中一个是原车出厂自带,而另外一个是需要你付费选装的,作用和效果其实很简单,是给你的车增加了一个充电通道,充电速度提升为原来的 1 倍。

超级充电站是未来厂商主推的充电方式。充电速度绝对是 3 种方式中最快的。通过我们的实际体验,超级充电站的充电电压为 380 V,而充电电流最大可以接近 200 A,充电 1 小时足够行驶 220 英里(约 350 km)。不过每个充电站的输出电流都是额定的,当只有一辆车充电时,它可以享受充电站 70% 的电流额度,但是当充电的车数量增加时,电流就会平均分配到每辆车上。

随着地价持续走高,设置充电站的成本会进一步升高,如何不让这种成本上升转嫁到消费者头上呢?似乎摒弃充电站,或者说改进有线充电方式是个选择。2013年高通公司(Qualcomm)在东京车展上展出了一种无线充电系统(图4-10),造型简洁,车主甚至可以在智能手机上通过相关软件操作充电(图4-11)。不过高通没有公布这项技术是否将会量产,目前也没有试验数据支持使用无线充电是否会对健康有害。

图4-10　无线充电系统

图4-11　手机操作无线充电

四、丰田燃料电池车技术

虽然TESLA的掌门人埃隆·马斯克公开表示燃料电池就是Bullshit,不过地球另一边的日系厂商依旧在紧锣密鼓地开发燃料电池技术。丰田在2013年的东京车展上,展出了计划在2015年投放市场的燃料电池(FCV)概念车TOYOTA FCV(图4-12)。

小贴士

Fuel Cell直译为燃料电池,就是利用燃料与氧化剂化学反应,直接转化为电能,但它不能储电,只能发电。燃料电池与常规电池的不同点在于燃料电池工作时需要连续不断地向电池

图 4-12　TOYOTA FCV

内输入燃料和氧化剂,只要持续供应,燃料电池就会不断提供电能。

燃料电池有两个明显优点:首先能量转化效率高,燃料电池直接将燃料的化学能转化为电能,中间不经过燃烧过程;另一个优势就是有害气体的排放、噪音都相对较低。

这款概念车使用的燃料电池组的输出功率密度为 3 kW/L,提高到了 SUV 款 FCV"丰田 FCHV-adv"配备的现行燃料电池组的 2 倍以上。据丰田介绍,此次的电极形成技术使用了无需冷凝即可涂覆数 μm 粒径的白金类催化剂的技术,对提高电池组的输出功率密度做出了巨大贡献(图 4-13、图 4-14)。

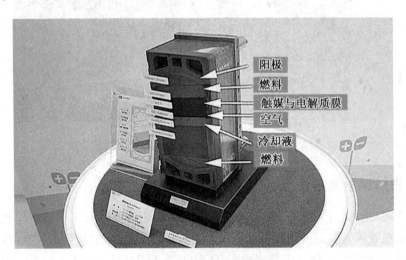

图 4-13　丰田燃料电池模型

这台概念车配备了高效率升压转换器(DC-DC 转换器),利用升压转换器提高燃料电池的电压,以提高马达的转速,从而增加输出功率。通过采用这种方法,缩小了驱动用电机的尺寸,并减少了燃料电池单元的数量,从而实现了燃料电池组的小型化。另外,虽然实现了小型

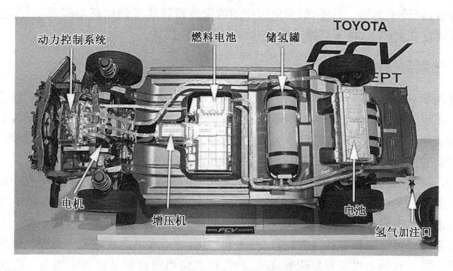

图 4-14 TOYOTA FCV 动力系统布置

化,但燃料电池组的输出功率仍然达到 100 kW 以上。

TOYOTA FCV 充填氢燃料所需时间仅为 3 分钟左右,与汽油车加油的时间差不多。加满氢燃料后的续航里程约为 500 km。

五、低滚阻轮胎

轮胎作为车辆与地面唯一接触的部件,其特性不仅影响车辆的操控性,而且会对燃油经济性产生影响。使用低滚阻轮胎一直是新能源车降低能量损耗的重要手段,除了调整胎面宽度外,优化轮胎花纹以及改进轮胎使用橡胶也是降低轮胎滚动阻力的好方法。住友橡胶工业公司于 2013 年 12 月 3 日发布将于 2014 年秋季上市"滚动阻力降低 50% 的轮胎"等轮胎技术。

住友橡胶在轮胎 3 个部位使用不同橡胶材料以此降低轮胎滚动阻力,并通过改进橡胶配比及轮胎构造减少了由轮胎变形导致的发热,降低了滚动阻力,同时提高了抓地性能。研发人员分析了苯乙烯、丁二烯如何排列才能提高湿地抓地力,随后对分子骨架进行了优化设计。

普通橡胶粒子含有蛋白质及磷类脂体等杂质,使橡胶与炭黑之间的结合力变弱,因此,其各自的运动会引起发热,使阻力增加。即将上市的低滚阻轮胎(图 4-15)的胎壁采用新的高纯

图 4-15 住友橡胶工业公司低滚阻轮胎

度天然橡胶,减轻了发热。另外,胎面内侧使用的天然橡胶通过使用新型碳偶联剂,使天然橡胶的末端固定在炭黑上,将天然橡胶的发热最大降低了15%。

六、无雨刮器技术

超级跑车对于空气动力学要求十分苛刻,空气动力学开发占据了整个研发流程近三分之一时间。工程师在不遗余力地对每个车身线条进行优化,不过受制于功能限制,某些车身部件成为阻碍优化空气动力学设计的顽石,比如雨刮器。恶劣天气下车辆必须开启雨刮器时,不停摆动的它会打乱流过车头的气流。有没有方法加以改变呢?

目前,迈凯伦公司正在研究一种战斗机上已应用的无需雨刮器便可保持风挡玻璃清洁的技术。迈凯伦公司的首席设计师 Frank Stephenson(图4-16)说:"我们一直在思考为什么近些年设计的飞机上没有刮水器,原来它不是在玻璃表面涂一层东西,而是使用一种从未失手的高频电子系统。突发下雨等状况时,可以马上起作用,使雨水不会在玻璃上有任何停留时间。"于是迈凯伦的工程师们决定好好琢磨这项技术,将其应用到自家品牌新车型上。迈凯伦已宣布将在2015年把这项技术用到本公司的赛车上。几年之后,可能很多车主只需花费15美元就可以买到这种配置。

图4-16 迈凯伦首席设计师 Frank Stephenson

七、线传转向系统

转向系统肩负着帮助驾驶员操控车辆、体验车辆性能的重要职责,传统的转向系统无论助力形式如何,方向盘均通过机械的方式推拉车轮以达到转向的目的。如果省去了传统的机械式连接,改为电控信号会发生什么呢?路感会就此消失?系统稳定性如何?反应会不会比机械式的慢?日产通过线传转向系统(Direct Adaptive Steering)技术对这些问题给出了自己的答案。

实际上这项技术并不是什么新鲜技术,早在20世纪70年代,美国宇航局便已在宇宙飞船的操控系统使用这种电控系统。宇宙飞船上这套名为 Fly-By-Wire 的系统,目前已广泛应用在喷气式战斗机、部分民用飞机,以及船舶的操控系统中。现在这项技术被"下放"到了车辆控制中,日产已经公布在其豪华品牌英菲尼迪的新产品 Q50 上使用(图4-17)。

这套线控转向系统的构成与传统转向系统结构类似,也是由方向盘、转向柱、转向机组成。不同之处在于它多了3组ECU电子控制单元、方向盘后的转向动作回馈器、离合器(图4-18)。

图 4-17　英菲尼迪 Q50

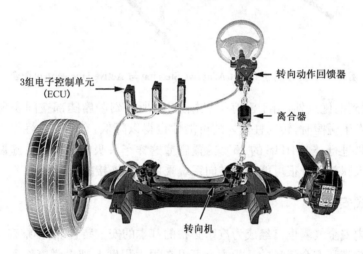

图 4-18　线传转向系统（Direct Adaptive Steering）结构

采用线传转向系统后，当驾驶员转动方向盘时，方向盘转动角度传感器会发送相关信号并传输给 ECU 进行处理，随后电子信号发送给转向机，转向机接收到信号后其中电机会驱动其进行转向。

事实上，线传转向技术早在 20 世纪 70 年代便已应用到宇宙飞船上，现在已经广泛应用在喷气式战斗机、部分民航客机中。它的第一个优点就是反应速度快。线传转向技术摒弃了传统的机械结构，改由电子信号控制。分秒必争的喷气式战斗机正是看重了"快"这项优点，才选择了这种控制形式。优点二在于没有了机械连接的"负担"，这套系统将过滤掉多数不必要的振动。也就是说，当车辆行驶在崎岖路面，特别是车辙比较明显的道路上时，方向盘不会再因路面的剧烈变化而产生过度振动，驾车者能更平稳地把控方向盘。看到这里也许您会担心路感问题，这方面日产早有考虑。ECU 在收集到路面情况以及车辆跳动信息后，将会用电子信号发送指令给转向回馈动作器，随后转向回馈动作器会模拟出当下车辆行驶时所处的环境所需回馈力度。除了上面提到的两个优点外，线传转向系统还可以与英菲尼迪 Drive Mode Selector 技术协同工作，为驾驶员提供 4 种不同预设驾驶模式以及 1 个自定义驾驶模式选择功能。这样可以让驾驶员依照个人不同的驾驶习惯以及路面情况改变车辆转向系统的反应。此外,Direct Adaptive Steering 还可以与 Active lane control(车道保持系统)配合,当位于车辆内后视镜后部的摄像头发现车辆偏离车道时,Direct Adaptive Steering 会适时地启动并自动输入转向信号,帮助车辆回到正确的行驶轨迹上,从而避免事故的发生(图 4-19)。

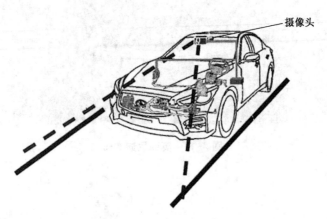

图 4-19　英菲尼迪 Direct Adaptive Steering 与 Active lane control 配合

除了上面提到的优点外,由于没有了机械连接,所以驾驶席腿部空间表现会比以往更优秀,同时在车辆发生碰撞时,转向柱侵入的可能性也得以降低,车辆安全性得以提高。可以预想,Q50 未来如果进行类似 IIHS 的 25% 偏置碰撞这样车头吸能结构无法施展全部拳脚的试验,其驾驶席假人腿部得分很可能会比转向系统采用机械连接的车型更高。

八、充气式安全带

如今,汽车内安全气囊也已经成为汽车必备的基本的安全装置,前排乘客在正确佩戴安全带的情况下,安全带和安全气囊的互相配合可以在很大程度上减少碰撞伤害。但是汽车后排由于空间和装备的原因,加装头部安全气囊的情况很少。另外,非常重要的一点是,老人和孩子乘车的话,一般选择坐在后排。所以单单靠安全带的保护,如果发生意外,依旧可能受到碰撞伤害,甚至是安全带的二次伤害。充气式安全带将气囊和安全带结合在一起,可以很好的保护后排乘客免受二次伤害。

作为最新型的安全带技术,充气安全带结合了气囊和安全带的特点。在安全带的连接端安置了碰撞传感器,当其探测到严重碰撞发生时,气囊控制单元将激活安全带气囊。气体发生器将使双层结构的安全带充气膨胀。相对于普通安全带织带而言,充气式安全座椅采用更加柔软的质地,包裹性更好(图 4-20)。

充气式安全带可充气长度从下部的搭扣直至肩部以上与车身固定点,基本覆盖了普通安全带和人体接触的大部分区域。在内置气囊爆开后,可以将接触面积增大 4~5 倍,因为有一个缓冲强度,可以分散胸部的冲击力,减少伤害。另外,斜跨肩部和上胸部的类似于枕头样的软垫可以限制头部的摆动,从而可以减少颈部所承受的压力。

充气式安全带的原理是带通过冷充气展开,利用压缩空气而不是放热化学反应。气体发生器装在座椅下方或腰带带扣的固定点处。充气气体通过一条管子送至气囊。充气部分由稍稍超过肩部的一点开始,可以在几十毫秒内完成安全带内气囊的气体填充。

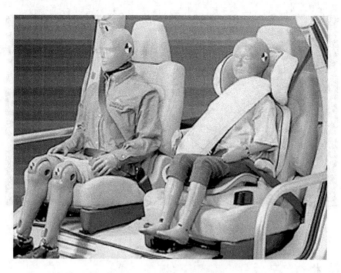

图 4-20 充气式安全带

气囊式安全带的原理并不难理解和实现,然而必须经过庞大的实验才能得到一定的可靠性验证。目前,充气式安全带已经有厂商投产并安装在某些车型上使用。比如福特探险者,奔驰新 S 级豪华车等。奔驰公司表示,在今后豪华跑车的前后座都将采用可充气安全带。

九、自动驾驶技术

《日本经济新闻》报道,日本丰田、美国通用等汽车巨头携手美国密歇根大学共同建设汽车自动驾驶实验场,通过再现危险场景来开发交通事故规避技术。美运输部亦与该大学开展合作,就自动驾驶技术 2021 年实现应用进行安全性测试。这是汽车行业首次合作建造大规模试验场,除上述公司外,美国福特、施乐和德国博世等行业巨头均参与该项目。

车辆控制技术室无人驾驶技术的核心,主要包括速度控制、方向控制等几个部分。无人驾驶其实就是用电子技术控制汽车进行的仿人驾驶。通过对驾驶员的驾驶行为进行分析可知,车辆的控制是一个典型的预瞄控制行为,驾驶员找到当前道路环境下的预瞄点,根据预瞄点控制车辆行为。目前最常用的方法是经典的智能 PID 算法,例如模糊 PID、神经网络 PID 等。

谷歌 2013 年申请了一种基于手势的自动驾驶汽车专利,这进一步推动了自动驾驶汽车的应用步伐。该项基于手势的自动驾驶汽车专利可以根据驾驶员的手势调节空调风扇转速、空调温度、收音机音量、雨刮、驾驶员座椅以及车窗玻璃位置等。

自动驾驶汽车手势系统至少包含一个安装在汽车内饰顶部的三维纵深相机和一个激光扫描仪以时刻检测记录驾驶员的手势变化。此自动驾驶汽车手势系统的手势感应区域是特定的。通过在通风口处上下滑动便可以实现对风扇转速的控制,左右滑动便可以控制温度的变化;轻轻拍打音箱可以调低收音机音量,而将手指举高并放置在耳朵附近便可以彻底关闭影音系统(图 4-21)。

图 4-21　谷歌自动驾驶技术

十、防酒驾技术

"酒驾"是汽车事故的最常见原因之一。目前,通用、福特、克莱斯勒、沃尔沃、丰田、日产这 6 家车企均在研发此类技术。沃尔沃防酒驾技术的原理是:在启动汽车前,司机需要先向遥控器大小的无线手持设备里吹气(图 4-22)。该设备分析司机呼出的气体,如果通过司机吹入气体检测到血液酒精浓度超过每升 0.2 g,发动机将不会启动。

丰田则是通过车内装置检测车内空气的酒精浓度,当浓度达到一定标准时,发动机将无法启动。日产汽车中甚至在换挡杆中配备了传感器,能够检测司机手汗中的酒精含量和身体散发的酒精分子,并通过相关摄像头设备检测司机精神状态来判断司机是否酒驾。

酒驾、醉驾的危害自然是不言而喻,世界上多个国家从法律角度对此予以严打。随着美国国家公路安全管理局宣布支持开发此类技术后,各大企业从技术层面上为"防酒驾"作出的努力有望成为继法律手段后的又一重要举措。

图 4-22　向无限手持设备吹气

十一、汽车互联智能手表

在 2013 年 1 月 7 日举行的 CES 大会上,奔驰推出了一款可与奔驰车型互联的 Pebble 手表(图 4-23(a)),这款手表必须连接 iPhone,通过 iPhone 对汽车配对从而获得汽车的消息。其工作原理在于 iPhone 通过奔驰的数字驱动模式(Digital Drive Style)应用,收集奔驰汽车的车内消息,包括剩余油料、门锁状态以及车辆位置等信息,然后导入手表上。也可以这样认为,iPhone 就是汽车和手表的信号中转站(图 4-23(b))。

除此以外,当车辆行驶时,手表还会通过振动来提醒驾驶员前方的交通事故、道路修缮以及抛锚车辆等实时路况信息。此外,Pebble 手表上的 3 个自定义按键,还可以分别设置为报告危险路况、自动导航、启动 Siri、遥控多媒体或快速查看附近交通状况等。

当然,这个手表相对来说还是有缺陷的,比如只支持 iPhone,而对于安卓、Windows Phone 以及黑莓用户暂时没有兼顾;并没有实现手表直接连接奔驰车辆,而是选择了手机作为中转站。

(a)

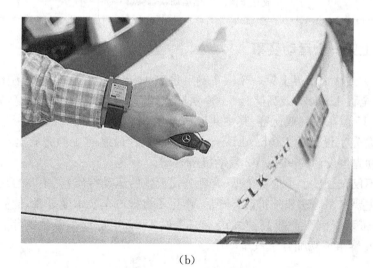

(b)

图 4-23 奔驰 Pebble 手表

思考:汽车新技术对人们生活的有何影响?

单元五 赛车运动

赛车运动起源距今已有超过100年的历史,最早的赛车比赛是在城市间的公路上进行的。许多车手因为公路比赛极大的危险性而丧生,于是专业比赛赛道应运而生。每一次赛车都是速度的追求,都是高科技在汽车上的体现,都是人类对自身的挑战和超越。汽车比赛已成为世界人民非常喜爱的一项运动,国外甚至将其与奥运会、世界杯足球赛并称为世界三大体育赛事。赛车运动的激烈、惊险、浪漫、刺激,不仅使众多观众为之痴迷,还促进了汽车技术的发展。

课题一 赛车运动的起源

学习标准	鉴定标准	教学建议
(1) 了解赛车运动的起源 (2) 掌握管辖赛车运动的国际组织	应知: 　(1) 赛车运动是随着汽车工业的发展而兴起的。最早的汽车比赛都是在法国举行。法国对赛车运动的产生和发展做出了巨大的贡献,法国也是赛车运动的故乡 　(2) 1904年6月1日,在法国成立了国际汽车运动联合会(FIA)	教具: 　F1汽车锦标赛录像 建议: 　强调赛车运动是最受人们欢迎的运动之一,赛车运动具有强大的魅力,是汽车文化的一部分 讨论:赛车运动的意义

一、世界上第一个运动赛事

目前,业界一致认为世界上第一个汽车赛事是1894年发生在法国的那场比赛。比赛路线从巴黎到卢昂,全程126 km,最高奖金5 000法郎。102位车手申请参加比赛,只有21位车手获许参赛,最终15位车手完成比赛,其中共有9辆赛车搭载着由梅赛德斯-奔驰创始人之一戈特利布·戴姆勒先生设计的Panhard-Levassor发动机。最终前4辆完成比赛的赛车均由戈特利布·戴姆勒先生设计的954ccV2发动机所驱动。

这场比赛不仅充分显示了梅赛德斯-奔驰公司天生的运动特质,更主要的是汽车文明从这里开始由欧洲主要汽车国家往外扩散。赛后,产生了大批汽车技术爱好者,他们在积极参与汽车运动的同时,带动着汽车产业高速发展。如果说1886年是汽车诞生的年代,那么可以说1894年这场汽车赛事成功哺育了汽车产业。

二、国际汽车运动联合会

"赛车"一词来自法文Grand Prix。1904年6月10日,在赛车运动兴盛的法国成立了国际汽车运动联合会,简称"国际汽联"或FIA(图5-1),总部设在法国巴黎,2009年移至瑞士苏黎世。国际汽联负责与汽车比赛有关的一切事宜,如道路安全、环境、弯道、机动性及车辆使用人员的保护等。国际汽联也是负责全世界赛车运动的组织,管理所有4轮或4轮以上的陆地车辆进行体育运动。FASC中国汽车运动联合会于1975年在北京成立,1983年加入国际汽车联合会。

图5-1 国际汽车运动联合会标识

课题二 赛车运动种类

学习标准	鉴定标准	教学建议
(1) 了解赛车运动的种类 (2) 掌握方程式汽车锦标赛的含义 (3) 了解勒芒24小时世界汽车耐力锦标赛的含义 (4) 了解汽车拉力赛的含义	应知: (1) 赛车运动的主要形式 (2) 方程式(Formula)其实是规则和限制的意思 (3) 勒芒24小时世界汽车耐力锦标赛是在法国勒芒13.5km的环形赛道上举行的连续24小时汽车比赛,行驶距离最长者获胜 (4) 汽车拉力赛的"拉力"来自英语"Rally",意思是集合,即拉力赛是将参赛的汽车集合在一起进行比赛,是一种道路条件和行驶环境恶劣的长距离、高速度的比赛	教具: F1汽车锦标赛录像 F1赛车图片 F1汽车锦标赛赛车图表 建议: 强调赛车运动是最受人们欢迎的运动之一,赛车运动具有强大的魅力,是汽车文化的一部分 讨论:赛车运动的意义

赛车运动分为两大类:场地赛车和非场地赛车。

场地赛,顾名思义,就是指赛车在规定的封闭场地中进行比赛。它又可分为漂移赛、方程式赛、轿车赛、运动汽车赛、GT耐力赛、短道拉力赛、场地越野赛、直线竞速赛等。

非场地赛的比赛场地不是封闭的,主要分为拉力赛、越野赛及登山赛、沙滩赛、泥地赛等。

下面对一些重要的赛事进行介绍。

一、方程式汽车锦标赛

(一) 一级方程式赛车 (F1/Formula 1)

澳洲格兰披治一级方程式(Grand Prix Formula One,简称F1)大奖赛(图5-2)是目前世界上速度最快、费用最昂贵、技术最高的比赛,也是方程式汽车赛中最高级别的比赛。现代世界一级方程式锦标赛于1950年在英国银石赛车场开始,现在每年举行18场比赛。

图 5-2　一级方程式赛车

FIA要求F1赛车采用排量为3L、12缸以下、不加增压器的自然吸气式发动机。F1赛车的底盘采用碳化纤维制造,重量很轻,很坚固。车赛的底盘很低,最小离地间隙仅有50～70 mm。与普通的汽车相比,F1赛车有许多独特的地方,它的车身细而长,车身高度很低,宽大的车轮极为显眼,而且是完全暴露的,即所谓"开式车轮"(Open Wheel)(图5-3)。

图 5-3　开式车轮

所有参加F1大赛的车手,都是经过千挑万选的世界车坛的精英。每一位车手在跻身F1大赛前,都必须经过多个级次的选拔,例如小型车赛、三级方程式(F3)车赛等等。

根据FIA的有关规定,每年全世界能有资格驾驶世界F1赛车的车手不超过100名。所有驾驶 F1 赛车的选手,都必须持有 FIA 签发的"超级驾驶执照"(图 5-4);每年只有少数的优秀车手有资格参加决赛。

图 5-4 超级驾驶执照

小贴士

上海国际赛车场是我国唯一的 F1 赛车场,位于上海嘉定区安亭镇东北,距安亭镇中心约 7 km。冬至漳浦河,西至送鹤路、东环路,南至保安公路,北至郊区环线高速公路,总面积约 5.3 km。赛车场于 2002 年动工建设,并已与国际汽联签订了 2004—2010 年 F1 大奖赛中国站的举办权。

(二) 三级方程式汽车赛(F3 / Formula 3)

三级方程式汽车赛使用的赛车是四轮外露的单座位纯跑道用方程式赛车,外形与一级方程式赛车相类似,但体积较小,最低重量为 455 kg,配备 4 汽缸、工作总容积为 2 公升的自然吸气式汽油发动机,输出功率约 170 马力。

(三) 雷诺方程式汽车赛(Formula Renault)

雷诺方程式 2000 是世界上著名及最普及的一种方程式赛车,该项赛事是由法国雷诺集团推广发展起来的,方程赛车由意大利 TATUUS 公司制造,该类单座赛车的马力为 149 kW(200 HP),最高时速可达到 260 km/h。雷诺方程式 2000 赛车的良好性能和价格的完美结合保证了其在全世界的普及程度,这种 2000 型的赛车每年制造超过 700 辆,给全世界热衷赛车运动的年轻人提供了一个驾驶技能和身体、心理状态适应的学习及提高的环境,为他们走向该项运动的顶级赛事 F1,成为未来之星做下铺垫。雷诺方程式 2000 赛事从 2000 年起举办至今,短短的 4 年里,已经成功地把雷克南(迈凯伦车队)、马萨(索伯车队)及克莱恩(美洲虎车队)推向 F1 的大舞台。

(四) 亚洲方程式汽车赛(Formula ASIA)

亚洲方程式汽车赛限在亚洲地区开展。使用的是四轮外露的单座位纯跑道用方程式赛车,车身规格与三级方程式相似,配备1台"福特"4汽缸工作总容积为2公升的自然吸气式汽油发动机,输出功率约160马力。近年来,出现了宝马亚洲方程式,是亚洲比较流行的方程式赛车。

二、拉力赛

(一) WRC世界拉力锦标赛

在世界各国举行达十四分站的"世界拉力锦标赛"(World Rally Championship),简称WRC(图5-5)。"拉力赛"一词取自英文"Rally",有集结的意思。它表示参赛车辆必须严格按照比赛资料中规定的行驶路线,在规定的时间内,到达每一个封闭路段或维修区域等地点进行规定的比赛和规定时间的维修等项目。

图5-5 WRC世界拉力锦标赛

由于比赛不仅考验车手的水平,还要考验领航员的配合、车辆的性能以及维修的力量,因此,无轮对于选手还是车队都是一项无比复杂的综合性考验。拉力赛的赛段为各种临时封闭后的普通道路,包括山区和丘陵的盘山公路、沙石路、泥泞路、冰雪路等,也有无法封闭的沙漠、戈壁、草原等地段。拉力赛是采取间隔发车的形式,世界一级种子选手发车间隔为1分钟,其他选手为2分钟。

参赛车辆均为各大汽车厂家年产量超过2500辆的原型轿车,只是必须经过不同程度的改装方可参赛。无限制改装的称为A组车,除了保留外形和原厂标志以外,几乎所有的部件都可以改装。有限制改装的称为N组赛车,它只允许进行安全改装和有限的性能改装,引擎内部必须维持民用车的标准,不允许改动。

(二) 达喀尔拉力赛(Dakar Rally)

达喀尔拉力赛称为巴黎达喀尔拉力赛(图5-6),是一个每年都会举行的专业越野拉力赛。比赛对车手是否为职业选手并无限制,80%左右的参赛者都为业余选手。

虽然名称为拉力赛,但事实上这是一个远离公路的耐力赛。比赛中需要经过的地形比普通拉力赛要复杂且艰难得多,而且参赛车辆都为真正的越野车,而非普通拉力赛中的改装轿

图 5-6　达喀尔拉力赛

车。拉力赛的大部分赛段都是远离公路的,需要穿过沙丘、泥浆、草丛、岩石和沙漠。车辆每天行进的路程从几公里到几百公里不等。

三、直线竞速

直线竞速比赛(图 5-7)按不同车型及发动机工作容积分为 12~14 个级别,在两条并列长 1 500 m、各宽 15 m 的直线柏油跑道上进行,实际比赛距离为 1/4 英里或 1/8 英里。比赛时每 2 辆车为 1 组,实行淘汰制,分多轮进行,直至决出冠军。采用定点发车方法,加速行进,通过电子仪器测量从发车线到终点线的行驶时间评定成绩。

图 5-7　直线竞速比赛

比赛使用特别设计制造的活塞式或喷气式专用赛车,以汽油、甲醇或煤油为燃料,车重 500～1 000 kg。其中"高级酒精发烧友(TAFC)"级的发动机容积达 8 930 毫升(CC),输出功率 1 865 kW(2 500 HP),速度达 382 km/h;"三角架高级燃料车(TFD)"级的发动机容积为 8 127 毫升(CC),输出功率 5 000 马力,速度可达 460 km/h;"喷气发烧友"级的发动机输出功率达 10 000 马力。

四、耐久赛

耐久赛亦称"GT赛",为长时间耐久性汽车比赛。比赛车辆分旅行车和运动原型车两类,并根据发动机的工作容积分为若干级别。比赛中每车可设 2～3 名驾驶员,轮流驾驶。

每年国际汽车耐力系列赛分为 11 站,在世界各地举行。比赛一般进行 8～12 小时,以完成圈数的多少评定成绩。较著名的比赛有法国勒芒(Le Mans)24 小时耐久赛、日本铃鹿(Suzuka)8 小时耐久赛。

法国勒芒 24 小时汽车大赛(24 Heures du Mans)是与摩纳哥大奖赛、美国印地(INDY)和戴托那(DAYTONA)500 齐名的久负盛誉的世界汽车比赛。它以超长的比赛时间著称,车手连续驾车 24 小时,使比赛之日成为一年中最长的一天。每年 6 月的第二个周末在法国勒芒赛车场举行,比赛由法国西部汽车俱乐部负责主办,图 5-8 是其标识。

(a) 旧标识　　　　　　　　　　　　(b) 新标识

图 5-8　法国勒芒 24 小时汽车大赛标识

勒芒 24 小时大赛因为有很长的直线跑道,如著名的 Mulsanne 直线跑道,而且要连续比赛 24 小时,所以较重视赛车直线极速而非如 F1 赛车增加下压力来增加过弯速度,赛车车身完整包覆起来以得到较低的风阻系数,为避免将后扰流翼角度调得太垂直来增加下压力但又增加风阻妨碍直线道极速,所以勒芒赛车以增加车尾长度或将后扰流翼尽量后移,能以较小的扰流翼迎风角度搭配后移长度,利用力矩原理放大下压力又不增加太多风阻。1988 年,有勒芒赛车在比赛中直线道达到时速 404 km 的最高极速,然而此辆赛车没多久因引擎过热并未完成比赛;1989 年,勒芒奔驰赛车 Sauber C9 在比赛中直线道开出时速 398 km 的极速并赢得比赛冠军。依米其林轮胎 2014 年对勒芒赛车轮胎性能的说法,勒芒赛车过弯 G 值可达 3 G。

五、印地车赛

印地车赛(Indy Car)设有世界锦标赛。该车赛起源于美国,原为美国汽车协会主办的锦标赛。1978 年由 18 支印地车队联合成立了"印地锦标赛赛车队有限公司",建立了赛事管理机构以举办系列车赛,制定了独特的比赛规则。1979 年举办了第一次比赛,成为不受国际汽车联合会管辖的汽车比赛。

比赛使用车辆的整体结构类似一级方程式的四轮外露式单座位纯跑道用赛车,但使用 8 汽缸、工作容积为 2.6～3.4 公升以甲醇为燃料的涡轮增压式发动机,输出功率 522～634 kW (700～850 HP)。依不同的比赛场地,比赛距离为 320～800 km 不等。

六、卡丁车赛

卡丁车赛(Karting)(图 5-9)分为方程式卡丁车及国际 A、B、C、E 级和普及级 6 类,共 12 个级别。使用轻钢管结构,操纵简单,无车体外壳,装配 100 毫升(CC)、125 毫升(CC)或 250 毫升(CC)汽油发动机的 4 轮单座位微型赛车,重心低,在曲折的环形路线上行驶,比赛速度感强。

卡丁车是世界方程式赛车的最初级形式,始于 1940 年。由于许多著名的一级方程式赛车手都是从卡丁车起步的,因此卡丁车被视为"F-1"的摇篮。

图 5-9　卡丁车赛

七、创纪录赛

创纪录赛是指在某个场地或路段以单车出发创造最高行驶速度纪录的汽车活动,按汽车发动机的工作容积分 A～J 共 10 个级别。

现今以轮胎驱动的汽车的最高速度纪录是 1965 年 11 月由赛默兄弟(Summer Brother)创造的,时速达 660 km/h;以喷气式发动机为动力驱动的汽车最高速度纪录是 1983 年由英国人理查德·诺贝尔(Richard Noble)驾驶他自己设计的 Thrust Ⅱ 车在美国内华达州西北的盐湖上创造的,时速达 1 019.89 km/h。其发动机的输出总功率为 44 760 kW(60 000 HP)。

八、越野赛

越野赛是在一个国家的公路和自然道路上举行的允许对该国进行考察的汽车比赛。经过几个国家的领土、总长度超过 10 000 km 或跨洲的比赛称马拉松越野赛。除国际汽联特别批准外,越野赛的赛程不得超过 15 天,比赛必须在白天进行。采用单车发车方式。比赛每经过 10 个阶段后至少休息 18 个小时。

每阶段的行驶距离自定,但每个赛段的最大长度,越野赛规定不超过 350 km,马拉松越野赛规定不超过 800 km。必须使用在国际汽联注册的全轮驱动汽车参赛。

课题三　赛车运动魅力

学习标准	鉴定标准	教学建议
(1) 感受赛车运动魅力 (2) 了解F1锦标赛的内涵	应知： 　　(1) 赛车运动有助于改善汽车性能；赛车运动是一种强化的道路试验；赛车运动可喻为动态车展；赛车运动是最佳广告；赛车运动促进了汽车大众化；赛车运动是集人车为一体的综合较量 　　(2) F1赛车是人类创造出的汽车精品，F1汽车锦标赛是人类智慧与团体合作最淋漓尽致的完美组合	教具： 　　F1汽车锦标赛录像 　　F1赛车图片 　　F1汽车锦标赛赛车图表 建议： 　　结合本单元课题一、课题二思考赛车运动的魅力，组织学生讨论——神奇的赛车运动

在赛车场上，那些五彩缤纷的赛车，随着一声令下，竞相出发，开足马力冲向前方。车手们你追我赶的争先表演，赛车如万马奔腾、一泻而过的精彩场面非常壮观，这对20万～30万的现场观众以及数以亿计的电视观众来说，是一席极富刺激的精神营养大餐。

一、赛车运动有助于改善汽车的性能

汽车赛有助于改善汽车的性能，尤其是它的动力性。汽车诞生百余年来，汽车技术得以不断发展的原因，在很大程度上是根据各种各样车赛所做的大量试验。汽车赛可以作为试验汽车新构造、新材料等的最重要手段。在比赛中获胜的赛车往往就是制造厂日后生产新车型时参考的样板。20世纪50年代，当日本汽车厂家决定加快汽车生产步伐时，首先选中的"基地"就是赛车场。20世纪60年代，他们又将自己生产的赛车驶向了国际赛场，向车坛霸主欧、美赛车宣战，在屡败屡战中吸收了对手的优点，找到了自身的不足。通过改进，他们不仅在赛车场获得了一席之地，而且为日本汽车工业的全面崛起奠定了坚实的基础。

二、赛车运动是一种强化的道路试验

汽车赛实质上是一种强化的道路试验。它能够使汽车的所有零部件都处于最大应力状态下工作，将正常使用条件下几年之后才可能出现的问题在短短的几小时之内就能暴露出来，节省了大量时间。

三、赛车运动可喻为动态车展

汽车赛可喻为动态车展。一级方程式汽车比赛现在每年举行16场，分站赛场遍布全世界。赛车几乎总是先进技术的结晶。今天，在汽车大赛中推出的每一部新型赛车，几乎都代表着一家汽车公司甚至一个国家在汽车方面的最新技术水平。

四、赛车运动是最佳广告

汽车赛是生动真实的广告。一场组织得好的汽车赛,尤其是国际性高水平大赛能够吸引成千上万的观众,每年16场一级方程式大赛能够吸引300多万现场观众和15亿多的电视观众。在比赛中获胜的赛车和车队是汽车制造商和比赛赞助商的最佳广告宣传,可以促进产品销售,为企业带来巨大的经济利益。

五、赛车运动促进了汽车大众化

汽车赛促进了汽车大众化。除职业性汽车比赛外,世界各地的汽车爱好者们还自行组织进行一些小型的汽车比赛,这对汽车工业的发展有着另外一层意义。许许多多地方性的汽车俱乐部,联系着千千万万名赛车运动爱好者,其广泛性和群众性是汽车大赛无法比拟的。地方汽车俱乐部组织的汽车赛招徕了大量参赛者和现场观众,通过比赛掀起了一阵阵汽车热,把众多的人吸引到汽车上来,传播了汽车技术,扩大了汽车爱好者队伍,培育了潜在的汽车制造、使用、维修方面的人才和汽车市场。汽车赛使许多人成为汽车迷。

六、赛车运动是集人与车为一体的综合较量

汽车赛是集人与车为一体的综合较量。与通常的体育运动相比,赛车运动不仅是车手个人技艺、意志和胆量的竞争,而且也是汽车设计、产品质量的角逐,这种独具特色的双重运动,更能体现人类精英与高科技最完美的结合,体现人类对自然的征服能力。

思考:综述赛车运动的魅力。

参考文献

[1] 邹欣,杨洋. 汽车外形设计. 北京:化学工业出版社,2012
[2] 雷光,闫启文,陈峰,张帅. 概念汽车创意. 北京:北京理工大学出版社,2007
[3] 崔心存. 现代汽车新技术. 北京:人民交通出版社,2001
[4] 宋景芬,曾娟. 汽车文化. 北京:电子工业出版社,2005
[5] 禾稼. 老爷车. 长春:吉林美术出版社,2001
[6] 中国汽车工程学会,等. 中国汽车50年. 上海:上海画报出版社,2003
[7] 许俊麟. 极速时尚F1赛事宝典. 上海:华东师范大学出版社,2003
[8] 张兴良. 趣味汽车. 北京:北京理工大学出版社,1999
[9] 帅石金. 汽车文化. 北京:清华大学出版社,2006
[10] 郎全栋,曹晓光. 汽车文化. 北京:高等教育出版社,2005
[11] 曾壮. 赛车知识大百科. 北京:国防工业出版社,2005
[12] 张世荣. 汽车概论. 北京:高等教育出版社,2004
[13] 张月相,赵英君. 世界汽车博览手册. 北京:金盾出版社,2003
[14] 蔡玳燕. 永恒的经典:德国汽车文化掠影. 北京:机械工业出版社,2008
[15] 曲金玉,任国军. 汽车文化. 北京:机械工业出版社,2014
[16] 肖生发,沈国助. 汽车文化. 北京:机械工业出版社,2009
[17] 史文库. 汽车新技术. 北京:人民交通出版社,2010
[18] 舒华,姚国平. 汽车新技术. 北京:国防工业出版社,2012
[19] 百度文库
[20] 汽车中国网
[21] 搜狐汽车
[22] 汽车之家——我的汽车网站